고대
로마는 어떻게 강대국이 되었는가?

민음 지식의 정원 서양사편

002

로마는 어떻게 강대국이 되었는가?

정기문

민음인

| 머리말 | 로마는 어떻게 강대국이 되었는가? | 6 |

1 로마의 역사는 어떻게 이루어졌을까?   19

포메리움이란 무엇일까?
왕정 시대의 정치 구조는 어떠했을까?
왕정 시대 이탈리아의 정세는 어떠했을까?
공화정으로의 이행은 어떻게 진행됐을까?
로마 동맹은 어떻게 구성됐을까?
로마는 어떻게 이탈리아를 통일했을까?
그라쿠스 형제의 개혁은 왜 실패했을까?
장군들의 시대는 어떻게 막을 내렸을까?
팍스 로마나를 이끈 원수정 체제는 무엇일까?
서로마는 어떻게 멸망했을까?
로마 제국은 언제 멸망했을까?

2 로마를 역사상 가장 위대한 제국이라 부르는 이유는 무엇일까?   71

로마 제국은 몇 년이나 지속되었을까?
로마 제국의 세계 정복은 어떤 의미를 지닐까?
로마가 세계를 세 번 정복했다는 말의 의미는 무엇일까?

3 로마는 능력 있는 이방인들을 얼마나 중용했을까?   85

속주민들도 원로원 의원이 될 수 있었을까?
외국인들도 로마의 왕이 될 수 있었을까?
로마 밖에서도 황제가 나올 수 있었을까?
노예도 황제의 자리에 오를 수 있었을까?
당시 사람들은 로마의 지배를 어떻게 받아들였을까?

4 로마를 배움의 천재라고 하는 이유는 무엇일까? 107
군사적인 면에서 로마는 어떤 나라의 영향을 받았을까?
문화적인 면에서 로마는 어떤 나라의 영향을 받았을까?
로마는 단지 다른 나라를 모방하는 데 그쳤을까?

5 로마의 지도층은 노블레스 오블리주를 123
어떻게 실천했을까?
지도층은 공과 사를 구별하는 데 어떤 모범을 보였을까?
로마의 금 모으기 운동은 어떻게 시작되었을까?
부자들이 병역과 납세에 모범을 보인 이유는 무엇일까?
로마 귀족은 사회적 약자를 위해 어떤 배려를 했을까?
귀족들이 '기부 경쟁'을 벌였다고 하는 이유는 무엇일까?

6 정치는 로마의 성공에 어떻게 기여했을까? 145
외국의 지식인들이 로마에서 활동하게 된 이유는 무엇일까?
그리스의 장군인 폴리비우스는 왜 로마사를 썼을까?
아리스토텔레스의 정체 순환론이란 무엇일까?
로마가 완벽한 정체를 가졌다고 하는 이유는 무엇일까?

7 종교는 로마의 성공에 어떻게 기여했을까? 165
로마의 대문호 키케로는 어떤 사람일까?
키케로가 제시한 로마의 성공 비결은 무엇일까?
신앙심과 로마의 세계 정복 사이에는 어떤 관계가 있을까?
로마 제국이 만신전을 세운 까닭은 무엇일까?
로마 인들의 신앙심이 각별했던 이유는 무엇일까?
칼이 아니라 법으로 세계를 지배했다는 말의 의미는 무엇일까?

더 읽어 볼 책들 190

머리말 로마는 어떻게 강대국이 되었는가?

로마는 역사상 가장 위대한 제국이었다. 로마는 아시아, 아프리카, 유럽에 걸치는 광대한 영토를 정복했다. 아라비아 사막에서 영국에 이르는 광대한 지역의 문명 세계가 모두 로마의 영토였다. 비록 몽골 제국이나 알렉산드로스의 제국이 로마 제국보다 영토가 넓기는 했지만 로마 제국은 그들보다 두 가지 점에서 위대했다.

먼저 알렉산드로스의 제국과 몽골 제국이 제국으로서 위용을 떨친 것이 고작 백 년밖에 되지 않았지만, 로마는 세 대륙에 걸친 대제국을 건설한 뒤에도 800년(2차 포에니 전쟁의 승리에서 유스티니아누스 대제의 통치기까지) 이상 세계의 패권 국가로 번영을 구가하였다. 세계사를 살펴보면 하나의 국가가 800년 동안 존속되는 일도 드문 일이다. 따라서 로마가 800년 동안 세계의 중심 국가로 군림하면서 문명 발달을 선도했던 것은 세계사적 경이라고 할 수 있을 것이다. 이 기간에 로마는 후대에 모범이 될 정치 체제를 수립하고 법률과 건축으로 대변되는 실용 문화를 발전시켰으며, 철학과 문학의 발전을 선도하였다. 근대 역사학의 아버지로 칭송되는 랑케(Leopold von Ranke, 1795~1886)는 로마의 이런 위대함을 파악하고 "모든 고대사는 로마사로 흘러들어 갔고, 모든 근대사는 로마로부터 흘러나왔다."고 말했다.

또한 로마는 넓은 영토를 오랫동안 다스리기만 했던 것이 아니다. 로마가 정복하기 이전에 지중해 세계에는 많은 종족과 여러 문명이 각각의 영역을 가지고 발달하고 있었다. 아랍인, 페니키아 인, 유대 인, 시리아 인, 그리스 인, 마케도니아 인, 갈리아 인, 게르만 인, 이집트 인, 라틴 인 등이 각각의 독특한 문명을 발달시키면서 개별적으로 존재하였다. 각 지역별로 언어가 달랐고, 정부 형태도 달랐으며, 종교와 사고방식도 달랐다. 사람들이 각각 달랐을 뿐만 아니라 쉬지 않고 서로 싸웠다.

그런데 이들이 로마의 통치를 받아들인 후 200~300년이 되자 로마 제국 내의 모든 사람이 '로마 인'이 되었다. 로마 제국 내에서 전쟁이 종식되었고, 분쟁이 사라졌으며, 언어와 문화, 심지어 종교까지 통합되었다. 그 넓은 제국 어디에 가든지 라틴 어 혹은 그리스 어를 할 줄 안다면 대화에 문제가 없었으며, 로마법의 보호를 받을 수 있었다. 그리고 사람들의 여행이 자유로워지면서 문화와 사상이 빠르게 전파되었다. 가령 기독교가 그렇게 신속하게 전파될 수 있었던 것은 로마 제국이 국경의 장벽을 없애고, 해적이나 도적을 소탕함으로써 신자들의 이동이 자유로웠기 때문이다. 이렇게 정치 제도와 법률, 언어와 문화, 사상과 종교가 통일되면서 사람들은 점차 자신들이 하나의 세계에 살고 있다는 확신을 갖게 되었다.

모든 사람들이 차별받지 않고 하나의 세계에 살고 있다는 의식을 가졌다는 것은 로마가 '보편 제국'이 되었다는 것을 의미한다. 역사상 세계 여러 나라의 지도자들이 세계를 통일하여 하나로 만들려고 했다. 그러나 로마만큼 여러 종족과 지역을 정복하여 하나로 묶어 내는 데 성공한 제국은 없었다. 이 점에서 로마는 진정 세계에서 가장 위대한 제국이다.

로마가 이토록 위대한 제국이었다는 것을 일찍이 깨달은 사람이 있다. 그는 기원전 2세기 초에 로마에 맞서 독립을 지키기 위해서 싸웠던 그리스의 장군 폴리비우스(Polybius, B.C.200~B.C.118)이었다. 비록 그는 전쟁에서 져 로마에 노예로 끌려왔지만 로마에 살면서 로마가 역사상 가장 위대한 제국임을 깨닫고는 이렇게 말했다. "어지간히 어리석고 게으른 자가 아니라면 왜 로마 제국이 세계를 정복했는가를 알고 싶지 않은 사람은 없을 것이다." 폴리비우스는 이 문제에 답하기 위해서 일생을 바쳐 로마사를 공부하였다. 과연 그 답은 무엇일까? 로마는 어떻게 강대국이 되었을까?

베게티우스(Vegetius, ?~?)는 『로마의 군제(De re militari)』라는 책에서 로마가 성공할 수 있었던 이유를 다음과 같이 설명하였다.

> 로마 인들은 갈리아 사람보다 아이를 많이 낳지 않고, 에스파냐 사람보다 체격이 작고, 아프리카 사람처럼 부유하거나 기민하지 않고, 기술이나 이성적인 능력에서 그리스 사람에 뒤진다. 그러나 로마 인들은 이 모든 것을 보충하고도 남는 훌륭한 자질을 가지고 있다. 그들은 무기를 사용하고, 병영의 규율을 지키며, 전법을 개발하여 다른 자들을 지배하는 데 뛰어난 자질을 가지고 있다. 도덕이 가미된 훌륭한 전쟁술이 로마 인들의 용맹, 확실한 성공, 특별한 성격의 기반이었다.

베게티우스의 말대로 로마는 역사상 최강의 군사력으로 세계를 정복했고, 로마군의 성공은 그 무엇보다도 군율이 엄격했기 때문이었다. 군율을 지킴에 있어서 로마 인들은 지위의 높고 낮음이나 신분의 고귀함과 천함을 가리지 않았다. 아무리 지위가 높고 고귀한 집안의 자식이라고 해도 군율을 어기면 엄격한 처벌을 받았다.

군율이 엄격했던 로마군은 세계 최강이었고, 로마가 군대로 세계를 정복했다는 것을 부정할 사람은 아무도 없다. 그러나 로마만이 강력한 군사력으로 세계를 정복했던 것은 아니다. 순전히 군사적인 업적만을 놓고 본다면 로마의 업적은 결코 세계 최고가 아니었다. 고대에 가장 강력한 군사력으로 오리엔트를 통일했던 아시리아, 가장 짧은 시간에 세계를 정복했던 알렉산드로스, 종교의 힘을 앞세워 유럽, 아프리카, 아시아에 걸치는 대제국을 건설했던 이슬람, 초원에 살던 유목민들을 이끌고 역사상 가장 넓은 지역을 정복했던 칭기즈 칸 등을 생각하면 로마의 군사적 업적은 오히려 왜소해 보이기까지 한다.

그러나 이들은 로마보다 위대한 군사적 업적을 이룩했지만, 이슬람 제국을 제외하면 모두 단명했으며 문명사적으로 로마에 버금가는 업적을 남기지 못했다. 로마는 제국의 통치를 받아들인 모든 사람들을 동등한 시민으로 받아들였으며, 제국을 1,000년 이상 유지시키면서 고대 문화를 종합하고 근대 문명의 근간을 마련하였다.

따라서 군사력이 로마 성공의 비결이라는 베게티우스의 주장을 그대로 받아들이고 다른 원인들을 파악하지 않는 것은 '1+1=2'를 알고서 수학을 공부하지 않은 것과 같다. 그렇다면 로마의 진정한 힘은 어디에서 나온 것일까?

베게티우스가 로마의 힘은 군사력이라고 주장하던 그 시대에 로마는 큰 곤경을 당하게 된다. 376년 아드리아노플에서 고트 족의 침입에 맞서 싸우던 발렌스 황제(Valens, 364~378)가 패하여 6만 명의 병사를 잃고 그 자신도 전사하였다. 로마의 국경은 완전히 뚫릴 위기에 처하게 되었다.

발렌스가 비운에 쓰러진 뒤 황제가 된 테오도시우스(Theodosius I, 346~395)는 다시 군사를 정비하여 고트 족과 싸웠다. 그러나 전쟁이 3년간이나 계속되었지만 승패가 나지 않았다. 어느 쪽도 결정적인 우위를 확보하지 못한 채 긴 소모전만 계속되었다.

테오도시우스는 깊은 고민에 빠졌다. 그는 제국으로 들어오는 고트 족에 대한 시각을 근본적으로 바꿔야 한다고 생각했다. 그들이 반드시 적일 필요는 없다. 오히려 로마를 위해서 봉사하는 존재가 될 수도 있다. 이렇게 생각을 정리한 테오도시우스는 고트 족에게 로마의 영토 안에서 사는 것을 허락해 주었고, 대신에 로마를 위해서 자신들이 차지한 지역을 지키도록 하였다. 명목적으로 세금을 징수했지만, 그 세금은 전액 그들을 위해서 쓰도록 하였다. 사실상 국가 안에 또 하나의 국가를 허락하는 것이다. 로마의 전례 없는 양보에 고트 족은 테오도시우스 황제의 제안을 기꺼이 받아들였다. 서고트 족은 트라키아 북부에, 동고트 족은 판노니아 동부에 정착하게 되었다.

이렇듯 절체절명의 위기를 맞은 로마는 예전보다 더 넓은 포용력을 보여 주었다. 적을 아군으로 만들기 위해서는 불가피한 선택을 해야 할 때가 있고, 로마 인들은 이 점에서 철저했다. 자존심이나 체면에 얽매이지 않고, 철저하게 현실에 입각해서 판단했던 것이다. 이렇게 로마는 적으로 쳐들어온 고트 족을 포용하여 토지를 주고, 나아가 로마를 위해서 봉사하도록 했다.

테오도시우스의 이 결단을 테미스티우스(Themistius, 317~390)는 다음과 같이 평가하였다.

아드리아노플의 패배 이후에 게르만 족이 우리의 영토 안으로 물밀듯이 쳐들어왔다. 높은 산도 깊은 강도 저들의 진격을 막지 못하였다. …… 그때 테오도시우스 황제는 가장 먼저 깨달으셨다. 로마의 힘은 철이나 방패나 갑옷, 심지어는 병사 수의 많음에 있는 것이 아니라, 이성에 있다는 것을…….

고트 족에게 많은 양보를 했던 테오도시우스의 조치가 과연 옳은 것일까? 여러 가지 평가가 있을 수 있지만 역사는 그 선택이 옳았음을 입증한다.

테오도시우스는 378년 아드리아노플을 침략한 고트 족이 로마를 멸망시키려는 것이 아니라 로마의 영토 안에서 살고 싶어 한다는 것을 알고 있었다. 그들이 요구하는 것은 로마의 땅이었던 것이다. 만약 상대방이 나를 멸망시키려고 한다면 끝까지 싸워야겠지만 나하고 친구가 될 수 있다고 생각된다면, 다소의 양보를 하더라도 친구로 삼는 것이 좋을 것이다.

아드리아노플을 침략한 고트 족을 친구로 삼겠다는 테오도시우스의 전략은 그대로 적중하였다. 테오도시우스의 허락을 받고 정착했던 고트 족은 394년 테오도시우스 황제를 도와서 아르보가스트(Arbogast, ?~394)라는 이교도 반란자를 무찔렀다. 또한 451년에는 로마를 도와서 훈 족 추장 아틸라(Attila, ?406~453)를 격파하였다. 아틸라는 440년경부터 훈 족을 이끌고 로마를 공략하기 시작해서 남부 발칸 지방과 그리스, 갈리아와 이탈리아까지 공략했다. 아틸라는 수없이 로마군과 맞섰지만 단 한 번 패하였는데, 451년 카탈루냐 평원의 전투에서였다. 이 전투에서 로마가 승리할 수 있었던 가장 중요한 이유는 서고트 족이 아틸라 편에 가담하지 않고 로마편에 섰기 때문이다. 만약 이때 서고트 족이 아틸라에게 가담했다면 로마는 그해 멸망했을지도 모른다. 결국 테오도시우스의 현명한 조처가 로마를 구했던 것이다.

그런데 테미스티우스가 말했던 '이성의 힘'은 구체적으로 무엇일까? 이 질문에 올바르게 답할 수 있다면 우리는 로마 제국이 왜 강대국이 될 수 있었는가를 알 수 있을 것이다. 그러나 지금까지 이 질문에 답하기 위한 노력은 거의 이루어지지 않았다. 로마 제국이 위대하다는 것은 일반적으로 인정되는 사실이지만 로마 제국이 왜 성공했는가를 묻는 사람은 많지 않았다. 사람들은 로마 제국의 성공 비결보다는 로마 제국의 멸망 원인에 대해서 더 많은 관심을 기울였다. 때문에 로마 제국의 멸망에 대해서는 800여 개에 이르는 이론이 제기되고 수많은 연구서들이 집필되었지만, 로마 제국의 성공 비결만을 집중적으로 다룬 연구는 거의 이루어지지 않았다.

이렇게 사람들이 로마 제국의 멸망 원인에 대해서 이야기하기를 좋아하는 것은 아마도 로마사 연구의 대가 에드워드 기번(Edward Gibbon, 1737~1794)의 영향이 너무나 컸기 때문인 것 같다. 계몽주의 시대에 살았던 영국의 역사가 기번은 1764년 로마 시를 방문하고 "그토록 위대한 문명이 왜 쇠퇴했을까?"라는 질문을 던졌다. 그리고 이 질문에 답하기 위해서 약 10년간 자료를 수집하고, 12년이 넘는 기간에 걸쳐서 『로마 제국 쇠망사』를 집필하였다. 그의 작품은 지금도 로마사뿐만 아니라 서양사를 연구하는 데 있어서 고전으로 꼽히고 수없이 판을 달리하면서 읽히고 있다. 많은 연구자들이 그의 매력에 빠졌으며, 그 모범을 따라서 로마 제국이 왜 멸망했는지 규명하기 위해서 노력하였다.

물론 '로마 제국이 왜 멸망했는가.'라는 질문은 충분히 탐구할 가치가 있다. 우리는 로마 제국이 겪었던 위기와 비슷한 위기를 맞을 수도 있고[1], 로마 제국이 멸망했던 것과 똑같은 이유에서 멸망할지도 모른다. 이 주제는 특히 로마 제국과 같은 거대한 제국, 가령 대영 제국이나 미국과 같은 나라의 사람들에게 매력적인 질문일 것이다.

---

[1] 한동안 일본에서는 로마사 연구가 상당히 인기를 끌었다. 일본인들은 극심한 불황을 맞으면서 일본이 망하는 것이 아닐까 걱정했다. 바로 그런 걱정 때문에 로마 제국의 흥망성쇠를 보면서 반면교사로 삼기 위해서 로마사 연구가 상당히 인기를 끌었다고 한다.

그러나 '로마 제국이 왜 멸망했는가?'라는 물음은 지금까지 이룩한 것보다 더 많은 것을 성취해야 하는 사람들에게는 별로 매력이 없는 질문인 것 같다. 우리에게는 오히려 로마 제국이 왜 성공했는가가 더 매력적인 질문이 아니겠는가? 우리는 로마 제국이 어떻게 성공했는지 알고, 조금이라도 배울 점이 있다면 기꺼이 배우려는 자세를 가져야 할 것이다. 그러기 위해서 이제 기번의 그림자를 멀리 날려 버리고, 로마 제국이 왜 강대국이 되었는가라는 질문에 매달려 보자.

로마 제국이 왜 강대국이 되었는가는 참으로 어려운 질문이다. 앞에서 지적했듯이 이에 대한 연구가 빈약하기 때문이다. 그러나 다행히도 로마 제국이 어떻게 강대국이 되었는가라는 문제는 이미 로마 시대에 깊은 고민거리이자 치열한 토론의 주제였다. 이 책은 로마의 성공 원인에 대해서 고민했던 로마의 '거인들' 다섯 명과 그들의 성찰을 소개하고자 한다. 따라서 이 책은 직접 로마 인에게 "로마는 어떻게 강대국이 되었는가?"라고 질문을 던지고, 그들의 답변을 듣는 일종의 대화의 장이 될 것이다.

다섯 명 가운데 네 명은 로마 인으로서 로마가 위기에 처했거나 새로운 도약을 위해서 결단을 내려야 했을 때, 지금까지 로마가 왜 성공을 거둘 수 있었는지를 분석했다. 따라서 네 명의 답은 일종의 로마의 '자기 분석서'라고 할 수 있을 것이다.

나머지 한 명은 외국인으로서 로마에 왔다가 로마의 위업을 보고 로마는 왜 성공했는가라는 질문을 던졌다. 그는 외국인이었기 때문에 로마 인이 미처 보지 못한 로마의 특징을 파악했다. 따라서 그의 분석은 일종의 '외부 평가서'라고 할 수 있을 것이다. 이들의 답을 묶어 본다면 우리는 로마에 대한 '종합 분석서'를 얻을 수 있을 것이다. 이 종합 분석서를 읽고 그것의 옳고 그름을 따져 보는 것은 독자들의 몫일 것이다.

로마 제국이 왜 강대국이 되었는가에 대한 로마 인들의 분석을 살펴보기 이전에 먼저 간략하게 로마 제국의 역사를 정리하고, 과연 로마 제국이 얼마나 위대한 제국이었는가를 살펴보자. 로마사에 대한 사전 지식이 있어야 그들의 분석서를 읽을 수 있기 때문이다.

1

로마의 역사는 어떻게 이루어졌을까?

- 포메리움이란 무엇일까?
- 왕정 시대의 정치 구조는 어떠했을까?
- 왕정 시대 이탈리아의 정세는 어떠했을까?
- 공화정으로의 이행은 어떻게 진행됐을까?
- 로마 동맹은 어떻게 구성됐을까?
- 로마는 어떻게 이탈리아를 통일했을까?
- 그라쿠스 형제의 개혁은 왜 실패했을까?
- 장군들의 시대는 어떻게 막을 내렸을까?
- 팍스 로마나를 이끈 원수정 체제는 무엇일까?
- 서로마는 어떻게 멸망했을까?
- 로마 제국은 언제 멸망했을까?

"어지간히 어리석고 게으른 자가 아니라면 왜 로마 제국이 세계를 정복했는가를 알고 싶지 않은 사람을 없을 것이다."
― 폴리비우스

포메리움이란 무엇일까?

어느 민족이나 위대하고 화려한 건국 신화를 갖고 있다. 거의 모든 민족들이 신이나 영웅들을 자신의 조상으로 내세우고, 그들이 뛰어난 업적을 세워서 하늘과 인간의 지지를 받았다고 주장한다. 이 점에서 로마는 참으로 특이하다. 로마 인들은 기원전 13세기경에 트로이 출신의 아이네아스가 이탈리아 중부의 라틴 족이 살던 곳으로 건너와서 라비니아와 결혼했고, 그들의 아들인 아스카니우스가 알바 롱가[2] 왕국을 건설했으며, 그로부터 13대손인 로물루스와 레무스가 로마를 세웠다고 믿었다.

---

[2] 아에네아스의 아들 아스카니우스가 세웠다고 전하는 고대 이탈리아의 도시.

여기까지는 지극히 평범한데 로물루스와 레무스 이야기로 넘어가면 기이하기 짝이 없다. 로물루스와 레무스의 할아버지는 누미토르인데, 그에게는 아들과 딸이 있었다. 그런데 누미토르의 동생인 아물리우스가 형의 왕위를 빼앗고, 형의 아들은 죽이고 딸인 실비아를 베스타 신전의 여사제로 만들어 버렸다. 베스타 신전의 여사제는 결혼을 할 수 없었기에 그러게 하면 후손이 생기지 않을 것이라고 믿었기 때문이다.[3] 그러나 실비아는 군신 마르스와 관계를 맺어 쌍둥이인 로물루스와 레무스를 낳았다. 실비아는 아물리우스의 눈을 피해서 로물루스와 레무스를 강에 버렸고, 늑대가 그들을 발견하여 키웠다.

후에 여러 모험을 겪은 후에 로물루스와 레무스는 아물리우스를 몰아내고 누미토르를 다시 알바 롱가의 왕으로 복위시켰다. 이제 할아버지가 다시 왕이 되었기에 로물루스와 레무스는 할아버지의 대를 잇는 것이 정상적인 일이다. 그러나 쌍둥이는 할아버지의 대를 이을 수 없었는데, 그들이 왕자로

---

3) 베스타는 국가의 운명을 상징하는 공용 화로를 지키는 여신이다. 로마 인들은 베스타 신전에 설치된 성화가 꺼지면 재앙이 닥쳐서 국가가 위기에 빠질 수 있다고 믿었다. 베스타 신전을 지키는 여사제들은 여섯 명이었는데, 여섯 살에서 열 살 사이에 선발되어 30년간 순결을 지켜야 했다. 순결을 잃을 때에는 생매장되었다.

확인되기 이전에 여러 가지 이유로 각자의 마을에서 쫓겨나거나 도망친 자들을 규합하여 우두머리 노릇을 하고 있었기 때문이다. 쌍둥이가 자신의 부하들을 데리고 누미토르의 왕위를 되찾아 준 것이 고맙기는 하지만, 살인자, 반란자, 범죄자, 노예로 구성된 쌍둥이의 무리와 함께 살 수는 없었다.

알바 롱가의 주민들이 자신들을 싫어한다는 것을 깨달은 로물루스와 레무스는 부하들을 이끌고 알바 롱가에서 조금 북서쪽으로 올라가 현재의 로마 지역에 도달했다. 그곳에는 일곱 개의 언덕이 있었고, 로물루스는 팔라티움 언덕에, 레무스는 아벤티누스 언덕에 새로운 주거지를 만들기로 결정하였다. 먼저 아벤티누스 언덕에 주거지를 짓고 있던 레무스에게 독수리 여섯 마리가 나타나자 사람들은 레무스가 장차 왕이 될 것이라고 생각했다. 그러나 곧 팔라티움 언덕에 주거지를 짓고 있던 로물루스에게 독수리 열 두 마리가 나타나자, 로물루스를 지지하는 자들은 로물루스의 독수리가 더 많으므로 로물루스가 왕이 될 것이라고 주장했다.

누가 왕이 될지 관심을 갖는 가운데 '불행한' 사건이 발생했다. 로물루스가 쟁기로 자기 도시의 경계를 설정하자 레무스가 경계선을 뛰어넘으며 형을 조롱했다. 이에 격분한 로물루스가 레무스를 때려 죽였다. 오늘날의 시각으로 보면 쟁기로 갈아서 만든 경계선을 넘는 것 때문에 동생을 죽인다는 것은 이해하기 힘들지만, 그것은 자신의 영역을 침범한 것이기에 용서할 수 없는 행위였다. 다른 나라의 국경선을 침범하는 것보다 더 중요한 도발 행위인 것이다.

이 경계선을 라틴 어로 **포메리움**(pomerium)이라고 하는데 이는 신의 명령에 의해서 만들어진 것으로 엄격한 의식을 치른 후에 설정되었다. 시민이든 비시민이든 허가 없이 이 선을 넘을 수 없었고, 시민이라고 해도 포메리움 안에서는 무장을 할 수가 없었다. 이를 어기는 것은 신들을 모독하고 로마의 국법과 위엄을 무시하는 것이며 당연히 극형을 받아야 할 범죄였다. 다만 경계선의 몇 군데에 문을 설치해 그곳으로만 출입을 허락했다. 선 바로 위나 조금 안쪽에 벽을 세웠는데 이 벽도 신성하게 여겨졌다. 설령 벽을 수리하기 위한 것일지라도 신관들의 허락 없이 성벽에 손을 대는 것은 중범죄였다. 이 선은 로마가 신의 보호를 받는다는 상징이었으며, 도시와 농촌, 문명과 비문명을 나누는 경계선이었으며, 성벽으로 둘러싼 방어선의 역할도 했다. 포메리움은 처음에는 팔라티움 언덕 주변에 그어졌지만, 기원전 4세기 전반기에 이른바 세르비우스 툴리우스 성벽이 세워진 후 이 성벽과 일치된 것으로 이해되었고, 이후에는 조금 더 넓어졌다.

지금까지 로마 건국과 포메리움의 탄생에 대해서 살펴보았는데, 로마의 건국이 기이하다고 말하고는 무엇이 기이한지 지적하지 않았다. 눈치 빠른 독자들은 금세 알아차렸겠지만 로마 최초의 시민들은 살인자, 도망자, 노예로 구성되어 있었다. 그리고 로마는 건국 과정에서 형제 살해의 비극을 겪었다. 또한 언급하지는 않았지만 로물루스는 사비누스 족을 초청하여 그 여인들을 강탈하였다. 이렇게 로마의 건국 신화는 '불명예스러운' 일들로 점철되어 있다. 로마 인들이 그들의 조상을 성스럽고 영광스러운 존재가 아니라 미천한 존재라고 믿었던 사실은 참으로 기이한 일이다.

이에 대해서는 여러 가지 설명이 있다. 가령 어떤 학자는 로마의 건국 신화는 그리스 인들이 로마 인들을 비하하기 위해서 만들어 낸 것이라고 주장하기도 한다. 그러나 처음부터 허장성세를 부리고 자만심에 빠지기보다는 출신이 미천했음을 인정하고, 자신들의 노력으로 새로운 세계를 건설해야겠다는 로마 인들의 심성과 결의가 담겨 있다고 해석할 수도 있을 것이다. 로마 인들은 그런 사람들이었다. 그들은 철저하게 현실에 근거해서 사고하고, 실용적인 문화를 발달시켰다.

로마 인들은 자신들의 조상이 불명예스러운 존재였다는 것을 인정하기는 했지만, 자신들이 신들을 철저하게 섬기고 그들의 명령을 따르기로 결심했기에 신들이 자신들을 축복했다고 믿었다. 그것을 상징하는 것이 포메리움이다. 포메리움은 신의 명령에 따라서 건설된 신성한 구역이며, 그곳에는 로마를 보호하는 수호신과 그들의 보호를 받는 로마 인들이 살았다. 로마 인들이 계속 신들을 잘 섬기는 한 포메리움 안은 안전할 것이며, 로마의 번영은 영원히 계속될 것이었다.

왕정 시대의 정치 구조는 어떠했을까?

기원전 753년 로물루스가 팔라티움 언덕의 포메리움 안에 로마를 세운 후 기원전 509년까지는 왕정 시대이다. 전승에 따르면 이 시기에는 일곱 명의 왕이 있었다.

각 왕들의 치적을 일일이 살피기보다는 왕정 시대의 주요 기관과 특징을 살펴보자. 왕정 시대의 주요 기구로는 왕, 원로원, 쿠리아 민회가 있었다. 왕은 최고 권력자로서 행정, 재판, 군 통수를 겸했으며 종교의 수장으로서 국가의 종교 행사를 주관하였다. 로마 인들은 왕이 갖고 있는 통치권을 임페리움(imperium)이라고 불렀고, 후에 공화정이 되었을 때 이 임페리움은 주요 관리들이 갖게 되었다. 이렇게 왕이 절대적인 권한을 갖는 것은 고대 국가에서는 일반적인 일이다. 그러나 로마의 왕은 세습이 아니라 선출에 의해서 뽑힌다는 점에서 특이했다.

왕정 시대 왕의 선출권은 사실상 원로원에 있었다. 왕이 죽고 나면 원로원은 왕이 될 만한 자질을 갖춘 자로 하여금 5일간 통치하도록 했다. 그를 '간왕(間王, interrex)'이라고 불렀다. 그가 통치를 잘하면 원로원은 그를 정식 왕으로 선출하고 통치를 잘 하지 못하면 또 다른 후보를 간왕으로 뽑아서 통치를 하게 한다. 이런 식으로 해서 적당한 후보자가 가려지면, 원로원은 쿠리아 민회를 소집하여 인민들의 승인을 받았다.

이 점에서도 로마는 특이했다. 왕정을 실시했던 거의 모든 나라에서 왕권은 하늘이 내린다고 생각했다. 그런 왕들은 인민이 아니라 하늘이 자신의 통치를 판단한다고 생각했고, 인민들의 의사를 무시하곤 했다. 그러나 로마는 인민의 동의가 있어야 왕권이 성립된다고 생각했으며, 이 생각은 로마가 멸망할 때까지 계속 유지되었다. 따라서 로마는 이미 왕정 시대에 비록 초보적인 수준이지만 주권 재민의 원리를 확립했고, 후대 민주주의의 한 원칙을 수립했던 것이다.

전승에 따르면 로물루스는 로마를 건국한 후에 자문 기구로 **원로원**을 구성하였다. 원로원은 주요 가문의 가부장 100명으로 구성되었다. 이 때문에 로마의 원로원 의원들은 '등재된 가부장들(conscripti patres)'로 불렸다. 로마의 가부장은 가정에서 절대적인 권한을 가지고 있었다. 자식들은 결혼한 후에도 가부장의 통제를 받아야 했으며 재산도 가질 수 없었다. 가부장은 자식들이 말을 듣지 않을 경우 죽일 수도 있었다. 그런데 로마의 가정은 대가족이었고, 혈연적인 유대가 없는 노예나 기타 가솔도 가족에 포함되어 있었다. 따라서 가부장들은 로마에서 실질적으로 막강한 권한을 가진 존재였다. 원로원은 그런 가부장들로 구성되어 있었기에 사회에 큰 영향력을 행사할 수 있었고, 왕도 그들을 무시할 수 없었다. 따라서 원로원이 자문 기관이기는 했지만, 원로원의 자문을 무시하는 왕은 지혜롭지 못하다고 여겨졌다. 원로원은 또한 민회를 견제할 수 있었다. 왕정 시대 이래 민회는 입법권을 가지고 있었지만, 공화정 초기까지도 민회가 만든 법이 효력을 발휘하기 위해서는 원로원의 승인을 받아야 했다. 이렇게 원로원은 제도적인 권력은 아니지만, 관습적으로 막강한 권력을 행사하고 로마의 정치를 주도하는 실질적인 기관이었다.

    왕정 시대에 **민회**는 '쿠리아 회'라고 불렸다. 쿠리아는 부족과 씨족의 중간 단위라고 할 수 있다. 초기 로마는 세 개의 부족, 즉 람네스(Ramnes), 티티에스(Tities), 루케레스(Luceres)로

이루어져 있었고, 각 부족당 열 개의 쿠리아가 있었다. 민회는 기본적으로 법을 만들고, 국가 중대사를 결정하는 기관이다. 쿠리아 회도 이런 기능을 갖고 있었지만, 왕과 원로원의 통제를 받았던 것 같다. 즉 민회는 스스로 모여서 법을 만드는 것이 아니라 왕이 소집해야 모일 수 있었다. 따라서 민회는 말하기 위해서가 아니라 듣기 위해서 모인 사람들이었다.

왕정 시대 이탈리아의 정세는 어떠했을까?

이탈리아 반도는 유럽 대륙에서 지중해 한복판을 향해 남서쪽으로 뻗어 있다. 온화한 지중해성 기후에다, 포 평원, 캄파니아 평원과 같이 비옥한 평야가 있어 매우 살기 좋은 곳이다. 더욱이 이탈리아 반도는 사방에서 접근하기 쉬웠다. 삼면이 바다였고 곳곳에 정박하기 쉬운 항구가 있었다. 북쪽에 알프스 산맥이 버티고 있기는 했지만, 곳곳에 우회로가 있었기 때문에 중부 유럽에서 이탈리아로 들어가는 것은 어렵지 않았다. 이렇게 살기 좋고, 사방에서 접근할 수 있었기 때문에 왕정 시대 이탈리아는 수많은 종족들이 이주해 들어와서 각축을 벌이는 인종의 도가니였다.

테베레 강 끝자락에 위치한 로마는 국력이나 인구 면에서 작은 도시였고, 왕정 시대 끝 무렵에 로마가 이탈리아를 통일하고 장차 세계의 주인이 될 것이라고 생각하는 사람은 아무도 없었다. 아직 로마는 주변 강대국들의 틈바구니에서 살아남기 위해서 몸부림쳐야 했다. 왕정 시대 이탈리아 반도에서 가장 강력한 세력을 구축한 것은 북쪽의 에트루리아와 남쪽의 그리스 인들이었다.

에트루리아 인들은 기원전 9세기경 소아시아에서 이동해 온 검은 머리의 사람들로, 현대의 토스카나 지방을 비롯한 이탈리아 중북부 지역을 차지하고 있었다. 그들은 기원전 7~6세기에 북으로는 포 강 유역에서 남으로는 캄파니아까지 세력을 확대하였다. 우수한 금속 가공자였던 에트루리아 인들은 철제 무기와 전함을 만들어 이탈리아 중북부를 장악하고, 지중해 서부의 패권을 놓고 그리스 및 카르타고와 대립하였다. 왕정 시대에 로마도 에트루리아 세력권에 포함되었는데, 왕정 시대의 마지막 세 왕이 모두 에트루리아 계통이었다는 사실이 이를 입증한다. 그러나 로마가 에트루리아 인들의 식민지가 되었던 것은 아니다. 로마 인들은 에트루리아의 선진 문화를 적극적으로 받아들이면서도, 자신들과 언어와 종교가 동일했던 주변의 라틴 인들과 힘을 합쳐서 에트루리아에 대항했다.

  한편 그리스 본토의 그리스 인들은 기원전 8세기 후반 대거 해외로 이주하였다. 폴리스[4] 체제가 안정되고, 평화가 계속되면서 인구가 크게 증가했기 때문이다. 그들의 식민 활동은 흑해 연안에서 에스파냐 지역까지 지중해 전역에 걸쳐서 이루어졌다. 특히 지리적으로 가까웠던 이탈리아 남부는 그들이 가장 선호하는 지역이었다. 나폴리, 타렌툼을 비롯한 이탈리아 남부의 대부분의 도시가 이때 건설되었다. 이탈리아 남부의 그리스계 도시들은 통틀어 '대그리스(Magna Graecia)'라고 불렸다. 그리스 인들은 무기와 도자기 제조에 능했으며, 상업에도 뛰어난 재주를 보여서 동방 지역과 유럽 지역의 중계 무역을 주도하였다. 이들은 북쪽에서 팽창해 오는 에트루리아 인과 대결을 펼치면서 북쪽으로 팽창해 갔다. 로마는 이 양대 세력의 틈바구니에 끼어 있었다.

---

4) 고대 그리스는 800여 개의 폴리스로 구성되어 있었고, 각 폴리스는 독립 국가로서 자체의 통치 기구와 법을 가지고 있었다.

공화정으로의 이행은 어떻게 진행됐을까?

왕정 시대의 마지막 왕 타르퀴니우스(Lucius Tarquinius Priscus, ?~B.C.578?)는 '오만왕'이라는 별명답게 선왕인 세르비우스를 살해하고 왕위에 올랐고 폭압적으로 로마를 다스렸다. 게다가 그의 아들 섹스투스는 콜라티누스의 아내인 루크레티아를 겁탈했고, 루크레티아는 치욕을 삼키면서 자살하였다. 격분한 로마 인들은 브루투스, 발레리우스, 콜라티누스를 중심으로 반란을 일으켜서, 오만왕 타르퀴니우스를 추방하였다. 타르퀴니우스는 자신을 지지하는 잔당들과 에트루리아 인들의 도움을 받아서 왕위를 되찾으려고 했다. 특히 로마에 남아 있던 잔당들이 브루투스의 아들들을 포섭하여 왕당파로 만들었다. 로마 인들은 반란자들을 단호하게 처형하고, 아르시아 숲의 전투에서 승리하고 타르퀴니우스를 도왔던 에트루리아 인과 강화를 맺음으로써 왕정에 마침표를 찍었다.

오만왕을 몰아낸 로마 인들은 정치 구조에 일대 혁신을 꾀함으로써 로마 번영의 초석을 다졌다. 먼저, 다시는 왕을 뽑지 않기로 하고 왕의 권력을 대체할 **콘술**(집정관)을 뽑기로 했다. 콘술은 왕이 가지는 거의 모든 권한[5]을 가졌지만, 민회에서 선출되었으며 임기는 1년밖에 되지 않았다. 더욱이 콘술은 두 명이었고, 서로의 결정에 대해서 거부권[6]을 행사할 수 있었기 때문에 누구도 독재를 할 수 없었다. 콘술을 보좌할 관직들도 설치되었는데, 콘술을 보좌하고 재판을 담당하는 법무관(프라이토르), 센서스 조사 및 풍기 단속을 책임지는 감찰관(켄소르), 도시의 행사 및 시설을 관리하는 조영관(아이딜리스) 등이 주요 관리였다.

민회도 전면적으로 개편되었다. 쿠리아 민회는 그대로 존속되었지만 공화정기에 쿠리아 민회는 관리들의 관직 수행권(임페리움)을 승인하고, 귀족 신분 문제와 양자 문제를 결정하는 정도의 권한만을 갖게 되었다. 반면에 6대 왕인 툴리우스(Servius Tullius, B.C.578~?B.C.535)가 만들었다고 전해지는 병사회(켄투리아 회)가 주요 민회가 되었다. 시민들의 신분과 재산을 고려하여 편제된 병사회는 원래 전투 조직이었다. 켄투리아는 100명을 기본 단위로 하는 전투 조직이었고, 병사

---

5) 콘술은 릭토르(호위병) 열두 명의 경호를 받으며 행정을 총괄하고 민회와 원로원 회의를 소집할 수 있었다.

6) 콘술은 전쟁 중에는 군 통수권자가 되어 직접 참전했는데 전쟁터에서는 서로 거부권을 행사하는 것을 막기 위해 하루씩 번갈아 가면서 지휘권을 행사했다.

회가 주요 민회가 되면서 투표 단위로도 기능하였다. 로마 시민들은 총 193개의 켄투리아로 편제되었는데, 귀족인 기병은 18켄투리아를 구성했고, 평민이 170켄투리아를 구성했으며, 나머지 5켄투리아는 보충병, 나팔수, 프롤레타리아였다.

  켄투리아의 구성은 철저하게 기하학적 평등사상에 입각해서 이루어졌다. 기하학적 평등사상이란 국가에 기여하는 바에 따라서 권리를 갖게 된다는 생각을 말한다. 먼저 시민들에 대한 재산 조사를 실시하여 재산 정도에 따라서 1~5등급이 편제되었다. 재산이 없어서 자비로 무장할 수 없었던 시민들은 모두 프롤레타리아라는 단 한 개의 켄투리아에 편입되었다. 실제 투표에 있어서는 귀족 18켄투리아가 먼저 투표하고, 그 다음 평민 1등급 80켄투리아가 투표했다. 그다음에는 평민 2등급 20켄투리아가 투표하는데, 193켄투리아의 과반이 넘으면 투표는 중단되었다. 사정이 이렇다 보니 평민 5등급에 편재된 시민들은 명목상으로는 투표권을 가지고 있었으나 실제로 투표하는 일은 거의 없었다. 물론 국가에 기여하는 바가 아이를 낳는 일 밖에 없었던 프롤레타리아[7]가 투표하는 일은

---

7) 라틴 어로 '아이를 낳는 자'라는 뜻으로 로마 제국 당시 군에 입대시킬 아들 이외에 부를 소유하지 못하는 계급을 비하하는 의미로 사용되었다. 그 후 마르크스가 사회학적인 용어로 도입하여 현대 사회학에서는 노동력 이외에 생산 수단을

일어나지 않았다.

원로원의 구성이나 권한에는 큰 변화가 없었다. 그러나 앞에서 설명했듯이 가부장으로 구성되었고, 종신직이었던 원로원 의원들은 사회적으로 막강한 권한을 행사하고 있었다.

이렇게 새로운 면모를 갖게 된 공화국은 '레스 푸블리카(res publica)'라고 불렸는데, 이는 '공공의 것'이라는 의미이다. 로마 인들은 국가가 특정 개인이나 집단의 것이 아니라 인민 모두의 것이라는 생각했는데 이는 참으로 선진적인 것이었다. 근대 초의 서양에서는 서로 다른 나라의 왕자와 공주가 결혼하면 나라들이 통합되거나 쪼개진다. 가령 신성 로마 제국의 카를 5세는 "다른 나라들은 전쟁을 하게 내버려 두라. 그대 복된 오스트리아는 결혼을 한다."라는 말을 남겼는데, 이 말은 그가 결혼을 통하여 여러 나라를 통합한 사실을 표현한 것이다. 당시 유럽 인들은 국가가 공공의 것이 아니라 국왕의 사유물이라고 생각했다. 따라서 왕이 죽으면 상속자들에게 분할 상속되었고, 상속자가 다른 나라의 왕과 결혼하면 나라 전체가 다른 나라에 합병되기도 했다. 이 사실을 생각해 보면 로마 인들이 정치 분야에서 얼마나 선진적이었는지를 쉽

갖지 못한 노동자의 의미로 사용된다.

게 알 수 있다. 민주화된 세계에 살고 있는 현대인들은 정치가 얼마나 중요한지 망각하기 쉬운데, 세계사를 공부하면 가장 민주적인 나라가 가장 선진적이었다는 교훈을 쉽게 얻을 수 있다. 로마는 당시 세계에서 가장 선진적인 민주주의를 구현했으며 그 때문에 인민의 단결과 창의력을 무한히 끌어낼 수 있었다.

로마 동맹은 어떻게 구성됐을까?

로마 인들은 공화정을 구성함으로써 왕의 폭정에서 벗어났지만 귀족과 평민의 신분 차별은 해소되지 못했다. 귀족들이 원로원과 주요 관직을 독점하면서 전횡을 일삼았고, 평민들을 부당하게 대했다. 이에 평민들은 수차례에 걸쳐 '분리 운동(secessio)'을 벌였다. 이는 평민들이 로마에서 철수하여 자신들의 요구를 들어주지 않을 경우에 별도의 국가를 수립하겠다는 일종의 시위였다.

기원전 494년 1차 분리 운동 때 귀족들은 호민관직 설치에 동의하였다. **호민관**은 처음에는 두 명이었지만 나중에는 열 명으로 늘어났다. 호민관은 말 그대로 백성을 보호하는 관리로서 평민의 이익에 반하는 관리들의 결정이나 정책 집행, 원로원의 결의에 대해서 거부권을 행사할 수 있었다. 호민관은 심지어 콘술을 구금할 수도 있었다. 그러나 호민관의 권한은 로마의 포메리움 안에서 효력을 발휘했다. 포메리움을 벗어나면 콘술은 군사령관으로서 군대를 지휘하게 되는데, 전쟁시에 최고 사령관의 손과 팔을 묶는 일이 없도록 하기 위해서였다. 이후 여러 차례 분리 운동의 결과 평민회가 설치되고, **12표법**[8]이 제정되고, 평민도 콘술이 될 수 있는 법이 마련되었다. 신분 투쟁은 기원전 287년에 종식되었다. 이해에 호르텐시우스가 만든 법에 의해서 그동안 법적 효력을 가지지 못했던 '평민회의 결의'가 법으로 인정받게 되었다.[9] 이로써 적어도 정치 제도적인 면에서는 귀족과 평민의 차별은 거의 사라졌다.

로마 인들은 투쟁을 통해서 신분 차별을 극복하는 한편 이탈리아 반도의 통일을 위한 기반을 닦았다. 로마의 팽창을 이

---

[8] 기원전 451년과 449년의 두 번에 걸쳐 제정된 로마 최초의 성문법으로 열두 장의 동판에 새겼기 때문에 12동판법이라고도 한다. 민사 소송법, 사법, 형법, 제사법, 가족법, 상속법 등을 포괄적으로 담고 있다.

[9] 기원전 287년 이전에는 평민회가 결정한 것이 법적 효력을 갖지 못하였다. 호르텐시우스법으로 평민회의 결의가 법적 효력을 갖게 되면서 신분 투쟁이 종결되었다.

해하기 위해서는 먼저 라틴 동맹을 살펴보아야 한다. 로마 인은 라틴 족의 일파였고, 이탈리아 중부를 차지하고 있던 라틴 인들은 언어가 같고, 풍습과 정치 사회 제도가 비슷했다. 그들은 또한 같은 신을 섬겼고, 공동의 축제를 통해서 동족 의식을 키우고 있었다. 그들은 매년 봄과 가을에 알바 산에 모여서 '라틴 인들의 축제(Feriae Latinae)'를 열었으며, 모든 라틴 족 대표들이 참석하는 연회를 열기도 했다. 따라서 이들이 이민족의 침입에 공동으로 대항하기 위해서 라틴 동맹을 맺는 것은 자연스러운 일이었다.

라틴 동맹이 언제 맺어졌는지는 명확하지 않으나 전승에 의하면 로마의 3대 왕인 호스틸리우스(Tullus Hostilius, ?~?)가 알바 롱가 왕국을 정복한 후에 로마가 라틴 동맹을 주도했다. 에트루리아 인들이 남진하자 라틴 동맹은 일시적으로 와해되었던 것 같은데, 타르퀴니우스 오만왕은 노골적으로 친에트루리아 정책을 폈다. 로마 인들이 그를 몰아냈던 것은 그의 폭정 때문이기도 하지만, 에트루리아 인들에 대한 반감이 크게 작용했던 것 같다. 로마 인들이 오만왕을 몰아내기로 결정하자 라틴 인들이 로마를 적극적으로 도왔던 사실이 이를 뒷받침한다. 오만왕을 완전히 몰아낸 후 493년 로마와 라틴 인들은 카시우스 조약을 맺었다.[10] 이 조약은 로마와 라틴 동맹의 국가들이 공동의 방위를 위해서 군대를 반씩 조달하고, 전리품을 반씩 나누기로 결정했지만, 로마가 라틴 동맹의 주도국이라는 것을 확실히 했다. 로마에 동맹군의 소집권을 주었기 때문이다. 이렇게 해서 건국된 지 약 300년이 지나서 로마는 라틴 족의 맹주로서 확실히 자리매김했다. 그러나 라틴 족은 이탈리아에 있었던 여러 종족 가운데 하나에 지나지 않았고, 로마가 그들을 완전히 통일한 것도 아니었다. 단지 여러 라틴 족 도시 가운데 주도권을 장악했을 뿐이다.

기원전 406년 로마는 에트루리아 인들의 도시였던 베이이를 공격하였다. 베이이는 로마에서 불과 16킬로미터 북쪽에 있던 도시였는데, 테베레 강의 하류에서 채취한 소금 교역을 두고 로마와 경쟁하고 있었다. 이 전투에서 승리한 로마는 중부 이탈리아의 강국으로 등장하는 듯했지만 기원전 386년 절체절명의 위기를 겪었다. 알프스 이남에 살고 있던 갈리아 인들이 남쪽으로 세력을 팽창하고 로마를 침공하여 철저하게 파괴했던 것이다. 로마는 금 1,000파운드의 배상금을 물고 굴

---

10) 로마 인이 라틴 인과 협정을 맺을 당시 콘술이 카시우스였다. 이렇게 로마 인들은 외국과 조약을 맺거나 입법을 할 때 관리나 제안자의 이름을 사용하였다. 서양에서는 지금도 이 전통이 계속되고 있다.

욕적인 강화를 맺었는데, 이때 갈리아 인들이 저울을 속였다고 한다. 로마의 콘술이 불평하자 갈리아의 장군 브렌누스는 "패배자에게는 재앙이 있을 뿐이다."라고 비웃었다고 한다.

그러나 로마 인들은 절망과 패배를 딛고 새로운 희망을 건설하였다. 실패에서 배우지 않은 자는 성공할 수 없는 법인데, 로마 인들은 이 점에서 철저했다. 로마 인들은 로마를 둘러싼 성벽이 약한 것이 중요한 패인이라고 생각하여 '세르비우스의 성벽'으로 알려진 로마의 성벽을 쌓았다. 높이 7.2미터, 두께 3.6미터, 총 길이 8.8킬로미터의 이 성벽은 훗날 한니발의 침공에서도 로마를 보호해 주는 보루가 되었다. 로마 인들은 또한 켈트 족의 무기와 병법을 철저하게 연구하여 대응 전술을 개발하였다. 그리고 내부의 단결을 공고히 하기 위해서 평민에게도 콘술이 될 수 있는 권리를 주었다.

로마 인들이 켈트 족의 침입으로 인한 치욕을 씻고 새로운 중흥을 모색하고 있을 때, 이탈리아 중부에서는 삼니움 인들이 강자로 군림하고 있었다. 움브로 사벨리 인의 일족인 그들은 이탈리아 중동부 일대에 세력을 크게 확장하여, 로마보다 세 배 반이나 넓은 영토와 두 배에 달하는 인구를 가지고 있었다. 삼니움 인들이 계속 세력을 팽창해 나가자 로마와 라틴 인들은 자신들의 영역을 지키기 위해서 노력해야 했다. 삼니움과의 전쟁은 기원전 343년에 시작된다. 그해 삼니움 인들이 카푸아 북부의 작은 도시인 시디키니를 공격했고, 카푸아 인들은 삼니움 인들이 자기들 도시로도 쳐들어올 것이라며 로마에 도움을 요청하였다. 로마는 캄파니아 지역으로 진출할 수 있는 기회라고 생각하여 즉시 원군을 보냈다. 그러나 소규모의 전투가 지루하게 이어지는 가운데 삼니움이 시디키니를 차지하는 것에 만족했기 때문에 로마는 카푸아를 지킨 것에 만족하여 평화 협정을 맺었다.

그러나 라틴 동맹국들은 로마가 시디키니를 넘겨준 것을 수치로 간주했고 독자적으로 시디키니를 구출하기 위한 작전에 돌입하였고, 로마에 대해서도 전쟁을 선포하였다. 이리하여 로마와 라틴 인들 사이의 라틴 동맹은 깨졌다. 로마는 삼니움의 도움을 받아서 라틴 인들을 격파하였다. 아마 이때가 로마사의 가장 결정적인 분수령이었을 것이다. 로마는 영토나 인구가 작은 도시 국가에 지나지 않았다. 기원전 350년경 로마의 영토는 약 6,000제곱킬로미터, 인구는 약 30만 명에 지나지 않았다. 아무리 뛰어나다고 해도 이런 소수의 인적 자원으로 세계를 지배할 수는 없다. 따라서 로마가 새로운 강국으로 부상하기 위해서는 인적 자원을 보충할 필요가 있었다.

라틴 족은 사회 제도, 언어, 문화, 풍습이 비슷하거나 같앉고, 오랫동안 동맹을 맺고 있었다. 비록 삼니움이라는 강국 때문에 라틴 족과 일시적으로 충돌했지만 라틴 족은 로마의 든든한 기반이자 성장 동력이었다. 비록 전쟁에서 이겼다고 하더라도 라틴 족을 영원한 적으로 만들어서는 안 되었다. 즉 라틴 족과의 새로운 관계를 설정함으로써 라틴 족을 확실히 장악하면서도 로마에 적대감을 갖지 않도록 할 수 있는 제도를 마련해야 했다.

로마는 두 가지 원칙을 세웠다. 먼저 모든 라틴 인들을 동일한 집단으로 다루지 않고 개별적으로 다루었다. 라틴 도시들은 자기들끼리 연맹을 맺을 수 없고, 오직 로마와만 개별적으로 조약을 맺도록 했다. 그리고 각 도시의 지위를 다르게 함으로써 그들 사이에 견제와 균형이 이루어지고, 그들이 더 좋은 지위를 얻기 위해서 로마에 충성하도록 했다. 이른바 분할하여 통치한다는 원칙을 세운 것이다.

이 원칙에 따라서 로마는 라틴 족의 도시들을 완전히 재편하였다. 먼저 로마는 인접한 라틴 지역의 도시들을 로마에 병합시켰다. 라누비움, 아리키아, 노멘툼, 페둠, 벨리트라이, 안티움 여섯 도시가 이때 로마에 병합되었다. 병합된 지역의 주민들은 기존의 로마 시민과 아무런 차이가 없는 동등한 시민으로 편제되었다.

두 번째, 티부르와 프라이네스테는 병합하지 않았다. 그들은 예전대로 동맹국으로 남게 하였고, 대신 토지의 일부를 몰수하였다. 동맹국을 라틴 어로는 '소키(socii)'라고 하는데, 티부르와 프라이네스테뿐만 아니라 350년 이후에 정복당한 많은 이탈리아의 도시들이 이 소키의 지위를 누렸다. 동맹국들은 전쟁이 발발하면 군대를 보내어 로마를 도와야 했다. 동맹국들이 로마에 협조하는 대가로 로마는 그들의 안전을 보장해 주었고, 전리품을 나누어 주었으며, 식민시를 건설할 경우에도 참여할 수 있는 권리를 주었다. 그리고 동맹국 시민들은 로마 시민과 결혼하고 교역을 할 수 있는 권리를 가졌다.

 세 번째, 로마는 캄파니아 평야의 여러 도시들, 카푸아, 수에술라, 쿠마이 등을 자치시로 만들었다. 그 주민들에게는 투표권 없는 시민권을 주었다. 투표권 없는 시민권을 가진 자치시 시민들은 로마 시민의 권리 가운데서 정치적인 권리를 뺀 나머지 모든 권리를 향유했다. 나아가서 로마 인들은 그들에게 로마의 완전시민[11]이 될 수 있는 기회를 제공하였다. 즉 이들은 자치 정부를 구성하고, 자치 정부의 정무관을 지내면

---

11) 로마에는 완전시민권과 불완전시민권이 있었다. 완전시민권을 가진 사람은 시민으로서 모든 권리를 누렸지만, 불완전시민권을 가진 사람은 투표권이 없었다.

완전시민권을 가질 수 있었다. 또한 평범한 시민이라고 해도 로마로 이주하면 완전한 시민권을 얻을 수 있었다.

이렇게 로마는 여섯 도시를 병합함으로써 로마 시의 영역과 인구를 크게 늘리는 한편, 라틴 인들을 재편하여 로마의 충실한 동맹국으로 만들었다. 로마가 동원할 수 있는 인적 자원을 몇 배로 늘린 것이다. 이때 로마가 만든 동맹국 체제는 참으로 강건한 것이었다. 후에 피로스 왕(Pyrrhos, B.C.319~B.C.272)이나 한니발(Hannibal, B.C.247~B.C.183)이 이탈리아를 유린하여, 로마의 운명이 위기에 처했을 때조차도 대부분의 라틴 인들은 로마를 배반하지 않고 끝까지 의리를 지켰다. 라틴 동맹국들이 로마에 대해서 헌신적으로 충성을 다했기 때문에, 키케로(Marcus Tullius Cicero, B.C. 106~B.C. 43)는 그들을 '로마 제국의 보루'라고 불렀다. 아마 이때 로마가 라틴 인들을 약탈하고 학살하면서 전승자의 권리만 주장했거나, 라틴 인들을 확실히 장악할 수 있는 제도를 마련하지 못했다면 로마는 결코 이탈리아를 통일하지 못했을 것이다.

로마는 어떻게 이탈리아를 통일했을까?

기원전 4세기 후반 로마가 로마 동맹으로 인적, 물적 자원을 크게 늘렸기 때문에 이제 로마도 이탈리아 내에서는 강대국의 반열에 당당히 올라섰다. 로마는 당시 또 다른 강대국이었던 삼니움 인들과 처음에는 우호적인 관계를 유지했으나, 양 세력이 서로 기회를 노리면서 팽창하려고 했기 때문에 언젠가 충돌은 불가피했다.

양 진영의 충돌은 생각보다 빨리 왔다. 기원전 327년 나폴리에서 내분이 일어났고, 내분의 당사자들이 각각 삼니움과 로마에 도움을 요청했던 것이다. 남부로 진출을 꿈꾸고 있던 두 진영은 각각 원군을 보냈고 그 결과 이른바 2차 삼니움 전쟁이 발생했다. 전쟁 초반 로마는 카우디움 분기점(Caudine Forks)에서 삼니움 족의 매복에 걸려서 대패하였다. 1만 명의 로마 병사가 카우디움의 협곡에 갇히자 삼니움 인들은 공격도 하지 않고 가만히 포위만 하였다. 로마군을 굶어 죽일 작정이었다. 로마군은 굶주림 앞에 무릎을 꿇었고, 나폴리 일대를 삼니움에게 넘겨주고 삼니움 세력권을 존중한다는 제안을 하여 간신히 강화 조약을 맺을 수 있었다. 이때 삼니움 인들은 로마군의 병장기를 모두 몰수하고, 속옷만 입고 철수하도록 했다.

　카우디움의 패배 이후 로마는 산악 지역으로 무리하게 대군을 이끌고 간 것이 패인이라는 것을 깨닫고 군대를 재편하였다. 이른바 마니풀루스(manipulus) 전법을 고안한 것이다. (한 개의 마니풀루스는 120명 정도로 편성되었고, 한 개 군단에 약 30개가 있었다.) 원래 로마의 한 개 군단은 약 4,000~6,000명으로 구성되었고, 그리스 인들이 즐겨 사용했던 팔랑크스 전법을 구사하였다. 팔랑크스 전법은 현대의 전경이 데모를 진압할 때 사용하는 것과 비슷하게 대규모의 병사를 대오를 편제해서 싸우게 하는 전술이었다. 이에 반해서 마니풀루스 전법은 병력을 중대 단위로 쪼개어 각개 전투를 가능케 하였다. 로마는 또한 전통적으로 사용하던 찌르기용 창을 대체하는 던지는 창을 도입하였다. 이로써 로마는 산악 지역에서 싸울 수 있는 준비를 마쳤다.

　한편 로마는 산악 지대를 주요 무대로 삼고 있는 삼니움 족을 전투만으로는 완전히 제압할 수 없다고 생각했다. 그들에게 식량을 대 주는 주변 국가들과 동맹을 맺어 삼니움 족을 궁지에 몰아넣어야 했다. 로마는 남쪽에서는 루카니아 인과 동맹을 체결했고, 북쪽으로는 마루키니 인, 파일리그니 인, 프렌타니 인 등과 동맹을 맺었다. 이렇게 로마가 삼니움 우호 세력을 로마 편으로 끌어들이자 삼니움은 사방에서 포위된 신세가 되어 버렸다. 그 후 로마는 기원전 298년에서 290년 사이에 진행된 3차 삼니움 전쟁에서 승리함으로써 중부 이탈리아를 통일하였다.

로마가 중부 이탈리아를 통일한 상황에서 이탈리아 정세를 살펴보자면, 북쪽에는 에트루리아 잔당과 갈리아 인들이 남아 있었고, 남쪽에는 '대그리스'가 건재하게 버티고 있었다. 세력을 잃은 지 오래인 에트루리아 잔당과 오합지졸인 갈리아를 쳐부수는 일은 어렵지 않았다. 로마는 기원전 283년 바디모 호수 근처에서 벌어진 전투에서 그들을 완전히 제압하였다.

로마는 정복한 지역을 동화시키고 전열을 정비하는 작업을 마치기 전에는 또 다른 전쟁을 벌이지 않는 것을 원칙으로 삼고 있었다. 사실 이것은 로마 제국이 그렇게 오랫동안 유지될 수 있었던 비결이기도 했다. 로마는 어떤 지역을 정복하면 그 지역 사람들을 로마 인이나 최소한 친로마 인으로 만들기 위해서 노력했고, 그 작업이 끝나서 새롭게 인적 자원이 보강된 다음에 다른 지역을 정복하였다. 따라서 로마의 정복 작업은 '한 걸음 한 걸음'씩 진행되었고, 로마는 하루아침에 이루어지지 않았던 것이다.

이런 원칙을 일종의 불문율로 삼고 있던 로마 인들은 삼니움 지역으로 영토를 급격히 넓힌 상황에서 바로 '대그리스' 지역으로 팽창할 생각을 가지고 있지 않았다. 그런데 기원전 282년 열 척으로 구성된 로마의 소규모 함대가 타렌툼 만으로 들어가는 사고가 발생했다. 타렌툼은 '대그리스'의 중심 도시였고, 로마는 일찍이 기원전 334년에 우호 조약을 맺어 허가 없이 타렌툼 영역에 군대를 파견하지 않겠다고 약속하고 있었다. 이때 로마의 군함이 타렌툼으로 들어갔던 것은 기상의 악화로 인한 불가피한 조처였던 것 같다. 그러나 로마가 세력을 팽창해 가는 것을 보고 신경이 예민해져 있던 타렌툼 인들은 경고도 없이 공격을 가하여 이 배들을 침몰시켰다.

이리하여 대그리스와 로마와의 전쟁이 발생했다. 그런데 '대그리스'의 그리스 인들은 상업에 능했고, 자체의 병력을 많이 육성하지 않았다. 대신 그들은 막강한 경제력으로 용병을 고용하였다. 이번에 타렘툰 인들이 고용하기로 결정한 용병은 당시 가장 유명한 명장이었고, 제2의 알렉산드로스가 되기를 꿈꾸었던 에페이로스(북부 그리스의 왕국)의 왕 피로스였다. 타렘툰 인들의 자금 지원을 받은 피로스는 코끼리 스무 마리와 2만 5000명의 병력으로 로마를 공격하였다.

긴급히 군대를 정비한 로마는 피로스와 맞섰지만 헤라클레아에서 패배하였다. 그러나 로마군이 워낙 강렬하게 저항했기 때문에 피로스는 상당한 전력의 손실을 맛보았다. 여기서 '피로스의 승리'라는 말이 유래했는데, 이는 승리를 거두기는 했지만 아군의 손실이 큰 전투를 말한다. 이후 피로스는 로마 남쪽 64킬로미터 지점까지 진출하였지만, 로마군의 저항이 계속되고 로마의 동맹군들이 이반하지 않았기 때문에 로마를 함락시키는 것이 불가능하다고 판단하였다. 그는 결국 기원전 275년에 이탈리아에서 철수했다. 피로스가 철수한 후 얼마가지 않아서 로마는 타렌툼을 정복했고 '대그리스'가 로마의 수중으로 들어왔다. 이렇게 해서 기원전 3세기 중반에 로마는 이탈리아를 통일하였다. 건국된 지 거의 500년 만의 일이었다.

그라쿠스 형제의 개혁은 왜 실패했을까?

로마가 이탈리아를 통일했을 때 이탈리아 반도 맞은편에는 카르타고라는 강대국이 있었다. 로마는 카르타고와 세 차례에 걸친 전쟁에서 승리하였다. 또한 카르타고를 지원했던 마케도니아와 그리스 연합군과도 싸워서 승리하였다. 카르타고 및 마케도니아와의 싸움은 기원전 264년에서 기원전 146년까지 계속되었는데, 로마의 이 정복 작업에 대해서는 후에 자세히 살펴보겠다.

이탈리아를 통일하고 지중해의 강대국 카르타고와 마케도니아를 정복한 후, 기원전 2세기 중반에 로마는 세계의 주인이 되었다. 이후 로마는 세계의 주인 자리를 적어도 800년간 차지했다. 이제 로마의 모든 시민이 세계의 주인으로서 '영화'를 누릴 시간이 온 것 같았다. 로마의 힘에 도전하는 세력은 없었으며, 세계의 모든 곳에서 인력과 물자가 로마로 몰려들었다.

그러나 밝은 부분이 있으면 어두운 부분도 있기 마련이다. 오랜 정복 전쟁을 하면서 자영농을 기반으로 했던 로마의 사회 체제가 흔들렸다. 자영농들은 장기간 군복무를 하느라 농토를 제대로 돌보지 못했던 데다가 국가로부터 군 복무에 대한 대가도 거의 받지 못했다. 또한 많은 노예들이 유입되면서 노동력이 남아돌았기 때문에 일자리를 얻기도 힘들었다.[12]

---

12) 노예는 대부분 전쟁 포로였는데 잇달아 정복 전쟁에서 승리한 기원전 2세기부터 로마는 본격적인 노예제 사회로 들어갔다. 이후 약 400년 간 이탈리아 인구는 약 600만 명이었는데, 그중에 노예가 약 200~300만 명으로 노예들이 생산을 주도하였다.

그렇게 평민들은 빈곤의 나락으로 빠졌지만 귀족들은 정복 전쟁의 과실을 독점하면서 더 큰 부자가 되었다. 귀족들은 특히 평민들이 방기한 토지를 집적하여 **라티푼디아**(대농장이라는 뜻의 라틴 어)를 경영하였다. 라티푼디아는 대규모로 토지를 집적하고 노예 노동을 이용하여 상품 작물을 재배하는 대농장이었다. 이 때문에 갈수록 살기 어려워진 농민들은 토지를 버리고 도시 로마로 몰려들어 왔다. 이 때문에 도시 로마의 인구가 크게 늘어나서 100만에 육박하게 되었다. 이런 상황을 티베리우스 그라쿠스(Tiberius Sempronius Gracchus, B.C.169~B.C.133)는 다음과 같이 묘사하였다.

이탈리아의 들판에서 풀을 뜯는 들짐승도 저마다 동굴을 보금자리로 삼고 있습니다. 그러나 이탈리아를 위해서 싸우고 쓰러지는 사람들은 공기와 햇빛 외에는 아무것도 가지지 못하고, 집도 없이 처자를 데리고 방황하고 있습니다. 그런데도 장군들은 전투에 임해서 병사들에게 외치기를 조상들의 무덤과 신전을 적에게 짓밟히지 않도록 지키자고 합니다. 그러나 그들에게는 조상 전래의 제단도 신전도 없습니다. 그들은 다른 사람들의 사치와 치부를 위하여 싸우다가 죽고, 세계의 지배자라 찬양되면서도 그들 자신의 것으로는 흙 한 줌도 가지고 있지 못합니다.

기원전 133년에 호민관[13]에 당선된 그는 **농지법**을 만들어 개혁에 착수하였다. 로마의 귀족들은 라티푼디아를 조성할 때 공유지를 집적하였다. 원래 로마는 새로운 지역을 정복한 후 정복지를 공유지로 조성했고, 로마 시민들은 공유지를 차지하여 경작할 수 있었다. 다만 일 인당 경작할 수 있는 면적은 500유게라(1유게라는 800평)를 넘지 못했으며, 세금을 납부해야 했다. 귀족들은 이런 법 규정을 무시하고 공유지를 마치 사유지처럼 이용하고 있었다. 티베리우스의 농지법은 공유지 500유게라 이상을 보유한 자에게서 초과분을 박탈하여 토지가 없는 시민들에게 분배하려는 것이었다. 귀족들의 반대에도 불구하고 농지법은 통과되었다. 그러나 호민관직의 임기는 1년이었고, 그때까지 중임한 사례가 없었다. 고작 1년 만에 개혁을 완수할 수 없었던 티베리우스는 호민관직의 중임을 추구하였다. 귀족들은 티베리우스가 법을 무시하고 있

---

13) 그라쿠스 시기에 호민관은 중요한 권력자가 되었는데, 2차 포에니 전쟁을 치루는 동안 귀족들이 평민회를 주요 입법 기관으로 삼겠다고 약속했기 때문이다. 호민관은 평민회를 소집하고 주도할 수 있었고 그것을 통해서 입법 활동을 주도할 수 있었다.

다고 주장하면서 사람들을 동원하여 그를 때려 죽었다.

그 후 동생 가이우스 그라쿠스(Gaius Sempronius Gracchus, B.C.153~B.C.121)가 기원전 123년에 다시 호민관이 되었다. 그는 형이 죽은 후 흐지부지되었던 농지법을 다시 실행하고, **곡물법**[14]을 만들었다. 곡물법은 국가의 비용으로 곡물을 구입하여, 로마 시민들에게 염가로 판매하도록 했다. 그는 적극적인 평민들의 지지를 받으면서 개혁에 상당한 진전을 이루었다. 그러나 귀족들은 동생 그라쿠스가 형보다 더 급진적인 개혁을 펼치자 음모를 꾸몄고 결국 동생과 그를 따르는 무리 3,000명을 때려 죽었다. 이렇게 하여 평민들을 위해 개혁을 펼치려고 했던 두 형제의 꿈은 사라졌고, 법 테두리 내에서 평민과 귀족의 갈등을 해결하려는 노력은 수포로 돌아갔다.

귀족과 평민 사이의 신분 대립이 거세지면서 로마는 파국을 맞게 되었다. 도시 로마로 몰려든 평민들은 계속해서 빵과 집과 일자리를 달라고 외쳤고 그들의 입장을 대변하고 상황을 개선시켜 줄 새로운 지도자를 찾았다. 이런 상황에서 등장한 사람들이 군사력을 갖춘 장군들이었다.

---

14) 곡물법은 국가가 곡물을 시중가의 반 이하로 구입하여 로마 시민들에게 일정량을 판매하는 것이다. 가이우스가 이런 제안을 하자 반대파들은 시민을 게으르게 만들고, 국고를 파산시킨다는 이유로 극렬 반대하였다.

장군들의 시대는 어떻게 막을 내렸을까?

새로운 평민들의 대변자를 자임하고 나선 사람은 마리우스(Gaius Marius, B.C.156~B.C.86)였다. 콘술이 된 후 마리우스는 유구르타 전쟁을 승리로 이끌었고, 병제 개혁을 단행하였다.

로마 시민은 재산이 있어야 군대에 갈 수 있었다. 따라서 프롤레타리아는 군대에 가고 싶어도 갈 수가 없었다. 마리우스는 이 재산 규정을 철폐하여 프롤레타리아가 대거 군에 입대할 수 있는 길을 열어 주었다. 사회에서 일자리를 찾지 못했던 프롤레타리아는 군대에 들어가기를 원했다. 그런데 이때부터 군인들이 장군들의 사병이 되는 경향이 생겨났다. 국가가 병사들에게 정식으로 지급하는 급료나 퇴직금이 너무 적었기 때문에 장군들이 개인적인 능력으로 그것을 보충해 주었기 때문이다. 뛰어난 장군들은 개인의 재산이나 전리품을 가지고 병사들에게 보너스와 퇴직금을 주었고, 그것을 통해서 인기를 얻고자 했다.

마리우스가 평민들을 위해서 정책을 펴고 있는 가운데 난봉꾼 출신인 루키우스 술라(Lucius Cornelius Sulla, ?B.C.138~B.C.78)가 콘술이 되었다. 술라는 콘술이 된 후 소아시아 정복을 담당한 사령관이 되었는데, 군대를 이끌고 소아시아로 간 것이 아니라 로마로 진격하여 마리우스의 군대를 격파해 버렸다. 권력을 장악한 술라는 민회를 약화시키고 원로원을 강화하는 법을 만들었다. 이렇게 마리우스와 술라가 대립하면서 로마의 정상적인 법체계는 완전히 무너졌다. 자기 휘하의 군대를 동원하여 권력을 장악하고 군대에 기반하여 정치를 하는 시대가 열린 것이다. 옥타비아누스(Gaius Octavianus, B.C.63~A.D.14)가 안토니우스(Marcus Antonius, ?B.C.82~B.C.30)를 물리침으로써 끝나게 되는 이 시기를 로마인들은 '내전기'라고 부르고 있다.

권력의 정상에 있던 술라는 젊은 처녀와 사랑에 빠져서 정계를 은퇴했고 그 뒤를 이는 사람이 폼페이우스(Gnaeus Pompeius Magnus, B.C.106~B.C.48)였다. 폼페이우스는 귀족을 옹호하는 정책을 계속 펼쳤고, 그에 맞서는 인물로 등장한 사람이 카이사르(Gaius Julius Caesar, B.C.100~B.C.44)였다. 카이사르는 원래 마리우스파와 가까웠고, 정치적 야심과 지략이 대단한 사람이었다. 그는 조영관으로 있을 때 민회당을 증축하면서 평민들의 환심을 사는 정책을 펼쳤고, 쿠데타를 일으켜 원로원 세력을 쓸어버리겠다는 계획을 세우기도 했다.

카이사르의 최대 업적은 갈리아(지금의 프랑스와 벨기에 지역)를 정복한 것이다. 갈리아를 정복하면서 카이사르는 자신의 업적을 널리 선전하고, 갈리아 지역을 로마에 소개하기 위해서 『갈리아 전기』[15]라는 책을 썼다. 그가 정복 작업에 매진하고 있던 때인 기원전 52년 폼페이우스가 단독 콘술이 되었고, 그는 원로원과 손잡고 카이사르를 무력화시키려고 했다. 원로원과 폼페이우스가 자신의 지휘권을 박탈하려고 하자 카이사르는 분을 참지 못하고, 기원전 49년 루비콘 강[16]을 건넜다. 루비콘을 건너면 이탈리아였기 때문에 그가 병력을 끌고 이탈리아로 진격한다는 것은 일종의 반역이었다. 그러나 살아남기 위해서는 다른 방법이 없었기 때문에 카이사르는 모험을 감했고, 군사력으로 폼페이우스를 물리친 다음에 로마에 입성하여 권력을 장악하였다.

그 후 몇 년간 카이사르는 로마의 최고 권력자로 군림했는데, 문제는 그가 황제가 되려고 했던 데 있었다. 그는 자신의 이름인 율리우스(Julius)를 따서 7월의 이름(July)을 짓도록 했

---

15) 이 책은 너무나 뛰어난 문장으로 되어 있기 때문에 카이사르의 최대 업적은 갈리아를 정복한 것이 아니라 『갈리아 전기』를 쓴 것이라고 말해도 손색이 없을 정도이다. 서양에서는 지금도 라틴 어를 배우기 시작하는 많은 학생들이 이 책을 교본으로 삼고 있다.

16) 카이사르가 폼페이우스를 추대한 원로원의 보수파에 대항하여 내란을 일으킬 때 "주사위는 던져졌다."라고 외치고 강을 건넌 고사로 널리 알려졌다. 오늘날에는 '돌이킬 수 없는 지점을 건너다.'라는 뜻으로 쓰인다.

고, 자기의 초상을 주화에 새기게 하였다. 심지어 신처럼 숭배받기 위해서 신상과 자신의 조각상을 나란히 세우도록 했다. 그리고 왕이 되기 위한 전 단계로서 종신 독재관에 취임하고자 하였다. 독재관은 전쟁과 같은 비상시에 선출되는 관리로, 콘술 두 명의 권한을 모두 가졌기 때문에 막강한 권력자였다. 따라서 독재관이 된 자가 독재를 하는 것을 막기 위해서 원래 임기는 6개월이었다. 그런데 카이사르는 이를 무시하고 종신 독재관에 올랐다.

카이사르가 왕이 되려고 하자 공화정의 정체를 지켜야 한다는 공화파가 결집했고, 그 가운데는 카이사르의 연인이었던 세르빌리아(Servilia Caepionis)의 아들 브루투스(Marcus Junius Brutus, B.C.85~B.C.42)도 있었다. 카이사르는 브루투스를 특히 총애했지만, 브루투스는 카시우스(Gaius Cassius Longinus, ?B.C.85 ~ B.C.42)와 함께 기원전 44년에 카이사르를 원로원 의사당에서 칼로 찔러 죽였다. 자신이 총애하던 브루투스에게 배신을 당한 카이사르는 "브루투스 너마저"라는 말을 남기고 세상을 떠났다.

카이사르가 죽은 후 그의 부장(副長)이었던 안토니우스(Marcus Antonius, ?B.C.82~B.C.30)와 그의 양아들이었던 옥타비아누스(Gaius Octavianus, B.C.63~A.D.14)가 자웅을 겨루었다. 안토니우스는 이집트의 왕 클레오파트라(Cleopatra VII, B.C.69~B.C.30)와 협력하여 옥타비아누스에 맞섰지만, 기원전 31년 악티움에서 패배하였다. 옥타비아누스가 안토니우스를 물리침으로써 오랜 내전은 끝났다. 이제 장군들의 시대는 끝났고, 옥타비아누스가 세운 새로운 체제가 열리게 되었다.

팍스 로마나를 이끈 원수정 체제는 무엇일까?

100년 가까이 진행된 내전을 겪은 로마 인들은 옥타비아누스가 평화를 확립한 것 자체를 크게 반겼다. 내전에 진저리가 난 로마 인들은 이제 옥타비아누스가 종신토록 로마를 지배하는 것 정도는 인정할 준비가 되었다. 원로원은 그에게 '아우구스투스(Augustus, 존엄한 자)'라는 칭호를 주었고, 종신 콘술 및 종신 호민관의 권한을 주었다. 아우구스투스는 황제가 되고 싶은 야망이 있었지만 양아버지였던 카이사르의 전철을 밟지 않기 위해서 야욕을 철저하게 숨겼다. 그는 적어도 겉으로는 원로원을 존중했으며, 원로원에게 제국의 반에 대한 통치권을 주었다. 이렇게 세워진 체제를 **원수정**(프린키파투스)라고 부르는데, 이는 아우구스투스가 자신이 '제1시민(프린켑스'임을 자처했기 때문에 붙여진 이름이다.

　원수정의 외관은 그대로 공화정이었다. 황제는 존재하지 않았으며, 콘술을 비롯한 공화정의 관리들이 계속 선출되었다. 다만 민회가 극도로 약화되고, 원로원이 입법권을 비롯한 주요 권리를 갖게 되었다. 그러나 원수정의 속 모양은 제정(황제가 다스리는 정체)이었다. 시민의 종복임을 자처했던 프린켑스는 종신 콘술이자 종신 호민관의 권한을 가지고 있었고, 제국의 군대와 재정을 장악하고 실질적으로 제국을 통치하였다.

　아우구스투스가 죽은 이후 원수정 체제는 잠시 혼란을 겪기는 했지만 기원후 98년부터 180년까지 오현제[17]가 등장하면서 전례 없는 안정을 유지하였다. 오현제가 원로원을 존중하며, 인민들의 요구를 수렴했기 때문이었다. 아우구스투스 통치기부터 오현제의 마지막 황제인 마르쿠스 아우렐리우스(Marcus Aurelius Antoninus, 121~180) 치세까지의 200여 년을 팍스 로마나기라 부른다. **팍스 로마나**(Pax Romana)는 로마의 평화라는 뜻으로, 로마의 힘으로 세계가 평화를 누리던 시대

---

17) 로마 제정 시대 최전성기에 가장 유능했던 다섯 명의 황제로 네르바, 트라야누스, 하드리아누스, 안토니누스 피우스, 마르쿠스 아우렐리우스를 이른다.

를 일컫는다.

팍스 로마나기에 로마는 그때까지 황량한 불모지대, 야만인들이 살던 비문명 지역에 문명을 전파하였다. 카이사르가 갈리아를 정복한 이후에 북쪽으로 눈을 돌린 로마 인들은 현재의 독일, 오스트리아 지역을 정복하였다. 그리고 라인 강과 다뉴브 강이라는 지형물을 경계 삼아서 북쪽의 국경선을 정했고, 그곳에 리메스(limes)라는 목책을 둘렀다. 로마의 목책은 중국의 만리장성 같은 성과 달리 쉽게 넘을 수 있었고, 로마는 리메스 밖의 게르만 족이 로마와 교역하는 것을 금지하지 않았다. 이 때문에 리메스는 로마와 게르만 족을 분리하는 장벽이기보다는 하나의 호수와 같은 역할을 했다. 즉 두 문명이 만나서 서로를 배우고, 서로에게 유익한 것을 교환하는 장소였다. 물론 주로 가르치는 것은 로마였고, 배우는 것은 게르만 족이었다. 이렇게 해서 지중해 지역의 선진 문명이 현재의 독일 지역과 그 너머의 게르만 족이 살던 지역으로 전파되었다. 부족 연합 단계에 머물러 있었고, 글자도 몰랐던 유럽인들(주로 게르만 족)이 문명이라는 것을 알게 된 것은 로마 덕분이었다. 따라서 현재의 유럽 인들은 로마 덕분에 문명의 세례를 받았다고 해도 과언이 아니다. 팍스 로마나 시기 로마의 업적에 대해서는 다음 장에서 좀 더 자세히 살펴볼 것이다.

  오현제의 마지막 황제는 『명상록』을 쓴 작가로 유명한 마르쿠스 아우렐리우스이다. 그의 통치기는 「글래디에이터」라는 영화 때문에 제법 잘 알려지게 되었다. 영화에서처럼 아우렐리우스 황제는 게르만 족의 침입을 막으면서 평생을 보냈고, 결국 전장에서 죽었다. 게르만 족이 남하하면서 팍스 로마나는 끝난다. 팍스 로마나 시기에 게르만 족은 로마 문명을 열심히 수용했지만, 로마의 군사력이 워낙 강했기 때문에 국경선 안으로 이주하지는 못했다. 그러나 2세기 말 인구가 증가하고, 로마의 군사력이 약해지자 남하하기 시작하였다.

  로마의 3세기는 위기의 시기였다. 게르만 족은 로마의 국경선을 유린하고 로마를 약탈했고, 동쪽에서는 사산조 페르시아가 쳐들어왔다. 설상가상으로 대규모의 전염병이 만연했다. 이렇게 내우외환이 겹치는 가운데 군인들이 득세하는 시대가 열렸다. 234년부터 284년까지를 군인 황제 시대라고 하는데, 불과 50년에 불과한 이 시대에 스물여섯 명의 황제가 바뀌었다. 이제 로마 인들은 희망을 버리려고 하였다. 세계의 종말이 임박한 것처럼 상황이 절망적이었기 때문이다.

서로마는 어떻게 멸망했을까?

로마 인들이 더 이상 희망이 없고 세계가 멸망하고 있다고 절규하고 있을 때 혜성같이 등장한 사람이 디오클레티아누스(Gaius Aurelius Valerius Diocletianus, 245~316)였다. 그의 치세 때부터 로마는 **도미나투스**(dominatus)라는 시대를 맞았다. 디오클레티아누스는 황제권이 약한 것이 정치 불안의 가장 중요한 원인이라고 생각했다. 그는 황제권을 강화하기 위해서 원로원을 완전히 무력화시켰다. 그리고 황제를 '도미누스(라틴 어로 주인이라는 뜻.)'라고 부르게 했다. 황제가 제국과 신민들의 주인이라는 것을 명확히 한 것이다.[18]

정치 체제로만 본다면 로마는 후퇴하고 있었다. 민주적인 요소가 강했던 공화정이 프린켑스의 강력한 권력에 근거하는

---

18) 아우구스투스는 '프린켑스'를 자처했다. 그러나 디오클레티아누스는 자신을 '도미누스'라고 부르게 했다. 프린켑스는 '제1시민'이라는 뜻이고 '도미누스'는 '주인'이라는 뜻이다. 두 단어의 뜻에서 알 수 있듯이 아우구스투스가 수립한 체제에서 황제는 시민의 대표로 통치했지만, 디오클레티아누스 체제에서는 시민의 주인으로 통치했다. 제도적인 면에서 보면 도미나투스가 수립되면서 원로원의 위상이 크게 약화되었다. 원로원은 제국의 반에 대한 통치권과 새로운 법을 제정하는 입법권을 가지고 있었다. 그러나 디오클레티아누스는 이 권한을 박탈하고, 원로원을 로마 시 의회로 격하시켰다. 이후 황제는 더 이상 원로원의 견제를 받지 않고 단독으로 제국을 통치할 수 있게 되었다.

원수정으로 대체되었고, 이제 황제가 절대권을 가짐으로써 동방의 여타 나라들과 같은 체제가 수립되었기 때문이다. 그러나 민주정이 잘 운영되지 못하고, 정치적인 혼란이 계속되었기 때문에, 황제가 강력한 권력을 행사하는 새로운 체제를 수립하는 것은 불가피했다. 더욱이 제국이 너무 넓었기 때문에 당시의 행정력으로서는 민주정을 펼칠 수가 없었다.

어떤 형태로든지 일단 정치가 안정되고, 로마의 군사력이 복원되자 로마는 중흥하기 시작하였다. 디오클레티아누스의 뒤를 이은 콘스탄티누스(Constantinus I, 274~337)는 30여 년이나 제국을 통치했고, 기독교를 공인함으로써 로마 인들의 화합을 꾀하였다. 콘스탄티누스는 313년 기독교를 공인한 것으로 잘 알려져 있지만, 그의 최대 업적으로 기독교의 공인이 아니라 수도의 이전을 꼽는 역사가도 있다. 그는 천 년의 수도 로마를 버리고, 비잔티움으로 천도하여 그곳을 콘스탄티노플이라는 새로운 도시로 만들었다. 그가 수도를 이전했던 것은 두 가지 이유 때문이었다. 먼저 게르만 족의 남하로 인해서 서로마 지역이 계속해서 압박을 받고 있었기 때문에 군사적으로 안전한 곳이 필요했다. 그리고 제국을 중흥시키기 위해서는 소아시아를 비롯한 동방 지역의 인적, 물적 자원이 절실하게 필요했다. 그의 선택은 참으로 현명한 것이었는데,

당시 아시아 속주를 비롯한 동방 지역이 제국에서 가장 번성한 곳이었기 때문이다.

4세기 후반부터 다시 게르만 족의 압박이 거세지는데 앞에서 설명했듯이 테오도시우스 황제는 그들에게 제국의 영토를 할당함으로써 위기를 극복하였다. 그가 게르만 족을 대거 로마의 영토에 받아들이자 서로마 지역에 거주하는 게르만 족의 숫자는 급격히 늘어났다. 특히 그들의 군사력은 갈수록 커졌는데, 로마가 그들의 군사력을 적극적으로 이용하려고 했기 때문이다. 이렇게 해서 서로마 지역의 게르만화가 진행되고 있는 상황에서 아틸라가 지휘하는 훈 족(흉노족이라고도 불린다.)이 로마를 압박해 왔다. 로마와 게르만 족은 힘을 합쳐서 훈 족의 침입을 막았지만 그 과정에서 게르만 족의 영향력은 더욱 커졌다. 그러다가 476년 게르만 족의 용병 대장이었던 오도아케르(Odoacer, 433~493)는 중대한 결정을 내렸는데, 서로마 제국의 마지막 황제인 아우구스툴루스(Romulus Agustulus, 463~?)를 폐위시키고 스스로 왕이 되기로 결정한 것이다. 그렇게 하여 결국 서로마 제국은 긴 그림자를 남기고 역사의 뒤안길로 사라져 버렸다.

로마 제국은 언제 멸망했을까?

 로마사를 서술하는 책들은 보통 서로마 제국의 멸망에서 이야기를 끝낸다. 그러나 서로마 제국의 멸망으로 로마사가 끝난 것은 결코 아니다. 다시 476년의 사건으로 돌아가 보자. 당시 오도아케르가 아우구스툴루스를 폐위시켰던 것은 동료 게르만 족의 압력 때문이었다. 게르만 족의 일파인 헤룰리, 스키라이, 투르킬리기 부족들이 오도아케르를 앞세워 갈리아 지역에 정착했던 다른 게르만 족들처럼 토지를 분배해 달라고 로마 황제에게 요구했다. 로마 황제가 이를 거부하자 그들은 오도아케르를 왕으로 삼았다. 오도아케르는 왕이 되자마자 동료 게르만 족들의 요구를 수용하기 위해서 아우구스툴루스를 폐위시켰다.

 그러나 그는 황제가 되지 않았으며 당시 동로마 황제였던 제노(Flavius Zeno, 474~491)에게 황급히 편지를 보냈다. 그는 콘스탄티노플에 계신 황제 한 분만의 위엄으로도 동서 양 제국을 방위할 수 있으므로 이탈리아에는 황제가 필요 없으며, 자신은 동로마 황제의 명령을 받들어 로마 제국을 지키겠다고 말했다. 지금까지 로마 제국을 멸망시킨 장본인으로 알려진 오도아케르가 사실은 동로마 황제를 수장으로 모시겠다고 선언했던 것이다.

　이후 옛 서로마 지역에서 여러 게르만 족 추장들이 권력자가 되었지만 그들은 거의 모두 동로마 황제가 로마 제국의 황제이고, 세계의 수장임을 인정하였다. 동로마 황제는 그들을 부왕으로 삼거나, 로마의 관직인 콘술직을 주었다. 심지어 로마에 남아 있던 가톨릭의 수장 교황도 계속 동로마 황제의 통제를 받았다. 그들은 동로마 황제의 수장권을 인정하고, 새로운 교황이 선출될 때마다 황제의 인준을 받았다. 교황이 동로마 황제로부터 독립을 추구한 것은 752년 이후의 일이다. 당시 롬바르드 족이 교황령을 포위하자 교황은 동로마 황제에게 구원을 요청하였다. 그러나 동로마 황제가 구원군을 보내지 못한 반면, 서로마 지역의 실력자 피핀(Pippin der Jungere, 714~768)이 군사를 보내 교황을 구해 주었다. 이 후 교황의 보호자는 동로마 제국의 황제가 아니라 카롤루스 왕조의 왕들이 되었다.

　이렇게 서로마 제국의 정치, 종교 지도자들이 동로마 제국의 황제를 로마 제국의 황제이자 세계의 수장으로 인정하고 있는 가운데, 동로마 제국의 황제들은 자신들이 로마 제국의 황제라는 것을 조금도 의심하지 않았으며, 유스티니아누스 (Justinianus I, 482~565)와 같은 황제는 일시적으로 북아프리카와 이탈리아를 다시 통일하기도 했다.

790년경 동로마 제국은 심각한 내홍을 겪었다. 이레네라는 여걸이 그 내홍의 중심인물이었다. 동로마 제국의 황제 콘스탄티노스 5세(Constantinos V, 741~775)는 아테네 출신의 이레네(Eirene, 752~803)를 자신의 아들 레오 4세의 아내로 삼았다. 이레네의 아들 콘스탄티노스 6세가 열 살 때에 남편이 죽었는데, 이레네에 의해서 독살되었다는 소문이 있었다. 하여튼 아들이 불과 열 살에 황제가 되자 그녀는 섭정이 되어 동로마 제국을 다스렸고, 자신의 권력을 지키기 위해서 아들의 눈을 뽑아서 죽여 버린 후에, 직접 로마 제국 최초의 여황제가 되었다. 이렇듯 그녀에게 도덕적인 문제가 많았기 때문에 시민들 가운데서 반발하는 사람들이 많았고, 주변 국가들도 그녀의 황제직에 문제를 제기하였다.

반면에 서방 지역의 실력자 카롤루스(Carolus, 742~814)는 옛 서로마 지역의 영토를 대부분 재통일하고, 카롤링거 르네상스를 일으켜 문화 중흥을 꾀하고 있었다. 카롤루스의 추종자들은 동로마 제국에 도덕적으로 문제가 남은 여자가 황제가 되어 실정을 일삼는 것을 보고 이제 동로마 제국은 로마 제국의 계승권을 상실했다고 주장했다. 그리고 '통치권의 이전(translatio imperii)' 즉 로마 제국의 통치권이 서로마 제국으로 이전되었다고 주장하였다. 그들은 800년 12월 25일에 카롤루스를 새로운 로마 제국의 황제로 뽑았다. 이후 중세 유럽 인들은 카롤루스 이후 로마 제국의 통치권이 자신들에게 넘어왔다고 생각했으며, 이 때문에 독일의 오토 1세(Otto I, 912~973)가 새로운 제국을 건설했을 때 그 제국의 이름을 '신성 로마 제국'이라고 불렀다. 이렇게 476년 사건 이후에도 로마 제국은 사라지지 않았다. 로마 제국을 계승했던 동로마 제국이 계속 건재했고, 서로마 지역을 차지했던 유럽 인들도 자신들이 로마의 통치권을 물려받았다고 생각했다. 로마 제국이 완전히 사라진 것은 1453년 동로마 제국이 멸망하고, 1808년 신성 로마 제국이 멸망한 이후의 일이다.

로마의 국명

「글래디에이터」라는 영화를 보면 주인공 막시무스는 억울한 누명을 쓰고 노예로 팔려 간다. 그는 철저하게 신분을 숨기기로 결심하고, 자신의 팔에 새겨져 있는 로마의 표시를 칼로 지운다. 그가 몸의 상처를 내면서까지 지우려고 했던 로마의 상징은 S.P.Q.R.이었다. 도대체 이 글자는 무엇을 뜻하는 것일까? S.P.Q.R.은 로마의 국명이었고, 로마군의 깃발에 새긴 상징물이었다. 로마군은 이 글자에 새겨진 깃발을 들고 세계를 정복하였다. S.P.Q.R.은 '로마의 원로원과 인민'을 뜻하는 라틴 어 'Senatus Populusque Romanus'의 약자이다. 로마 인들은 동전, 깃발, 건축물 등에 이 표시를 사용하였다. 지금도 로마를 방문하면 이 표시를 쉽게 볼 수 있다. 그러나 현재 남아 있는 것은 대부분 원래 로마 시대에 새겨진 것이 아니라 무솔리니가 로마의 영광을 재현하기 위해서 새긴 것이거나 현대 로마 시가 새겨 놓은 것들이다.

S.P.Q.R 표시와 함께 널리 쓰이는 로마의 상징물은 독수리이다. 독수리 그림은 로마의 건축물, 무기, 동전 등에 폭넓게 사용되었다. 독수리가 로마의 상징물이 된 것은 로물루스 때부터이다. 로물루스와 레무스가 새로운 나라를 세우려고 했을 때 신이 그들에게 보낸 징조가 독수리였다. 후에 로마를 계승했던 나라들은 이 독수리 문장도 계승했는데 러시아 왕실이 쌍두 독수리 문장을 썼던 것이 가장 유명하다.

2

로마를 역사상
가장 위대한 제국이라
부르는 이유는 무엇일까?

– 로마 제국은 몇 년이나 지속되었을까?
– 로마 제국의 세계 정복은 어떤 의미를 지닐까?
– 로마가 세계를 세 번 정복했다는 말의 의미는 무엇일까?

로마는 세계를 세 번 정복했고, 세계의 민족들을 세 번 하나로 만들었다. 한 번은 무력으로, 한 번은 기독교로, 그리고 또 한 번은 법으로.

— **예링**(Rudolf von Jhering, 1818~1892)

로마 제국은 몇 년이나 지속되었을까?

로마 인들이 세계에서 가장 큰 제국을 만든 것은 아니다. 단순히 영토의 크기만을 따진다면 몽골 제국, 알렉산드로스 제국, 이슬람 제국이 로마 제국보다 훨씬 컸다. 그러나 로마 제국은 역사상 가장 안정된 제국이었고, 가장 오래 유지된 제국이었다. 기원전 753년에 건국되어 1453년에 멸망했으니 로마 제국은 2,200년이나 존재했고, 기원전 200년부터 800년까지 거의 천 년 동안 지중해 세계의 지배자였다. 로마가 1453년에 멸망했다는 이야기를 듣고 귀를 의심하는 사람이 있을 것이다. 일반적으로 로마는 476년에 멸망했다고 하기 때문이다. 그러나 이는 로마사에 대한 인식에서 가장 먼저 극복해야 할 편견이다. 로마 제국이 476년 멸망한 것이 아니라는 사실을 이해하기 위해서 968년의 한 사건에서 이야기를 시작해 보자.

그해 크레모나의 주교 리우트프란드(Liutprand, ?920~972)가 동로마 제국의 황제 니케포루스 포카스(Nicephorus Phocas, 830~896)를 방문하였다. 그는 지성과 수완을 갖춘 정치가로 명망이 높았으며, 949년에도 콘스탄티노플을 방문한 적이 있었다. 이번에 그가 동로마 황제를 방문한 것은 독일 오토 1세의 명령을 받았기 때문이다. 오토 1세는 962년 신성 로마 제국의 황제로 즉위했고 자신이 로마의 정통성을 물려받았다고 생각하고 있었다. 그는 자신의 정통성을 강화하기 위해서 동로마 황제에게 '황가의 피를 받은' 공주를 자신의 아들과 결혼시키자고 제안하였다. 동로마 제국의 황제 앞에 선 리우트프란드는 오토 1세의 위용과 업적을 설명했다. 오토 1세가 사돈을 맺어도 손색이 없는 훌륭한 사람이라는 것을 보여 주기 위해서였을 것이다.

그러나 리우트프란드가 설명을 마치기도 전에 동로마 황제가 말을 가로채서는 다음과 같이 이야기했다.

당신은 거짓말하고 있소. 당신의 주군들은 말 타는 기술을 모르고, 심지어 보병 전투도 모르오. 방패의 크기, 허리 갑옷의 무게, 칼의 길이, 헬멧의 무게가 적당하지 않기 때문에 그들은 싸울 수 없소. …… 그들은 또한 위의 탐욕 때문에 싸울 수 없소. 그들에게는 위가 신이오. 그들은 음탕하는 데 대담하고, 술 취하는 데 힘을 쏟소. 그들에게 굶는 것은 죽음이요, 술 취하지 않음은 공포요. …… 당신들은 로마 인이 아니라 롬바르드 인이오![19]

포카스는 아마 오토 1세가 신성 로마 제국 황제를 칭하면서 로마 인 행세를 하는 것에 대해서 대단히 자존심이 상했던 모양이다. 그래서 동로마 제국인이 진정한 로마 인이며 독일인은 롬바르드 인이라고 강조했던 것이다.

니케포루스 포카스 황제의 자부심은 당연한 것이다. 332년 콘스탄티누스 황제가 제국의 수도를 콘스탄티노플로 옮긴 이래 콘스탄티노플이 제국의 중심지로 기능하고 있었고, 로마 황가의 혈통이 단절 없이 이어져 왔을 뿐만 아니라 동로마 제국이 로마 제국의 제도와 문화를 계속 이어 가고 있었기 때문이다. 결국 우리가 편의상 동로마 제국, 혹은 비하해서 비잔

---

[19] 이 책의 인용문은 사료의 원래 의미를 훼손하지 않으면서 현대어로 읽기 편하도록 일부 각색하였다.

티움 제국이라고 부르는 제국은 로마 제국의 연장이 아니라 로마 제국 그 자체이다. 즉 로마 제국과 별개의 존재가 아니라 로마 제국의 한 시기인 것이다. 따라서 우리는 로마의 역사를 2,200년으로 파악해야 하고 동로마 제국의 전성기 또한 로마 제국의 전성기에 포함시켜야 한다. 물론 역사가 오래 되었다고 해도 별다른 업적을 남기지 못했다면 아무런 의미가 없을 것이다. 이 긴 역사 동안 로마 제국이 인류에 어떤 업적을 남겼는가를 간략하게 살펴보자.

로마 제국의 세계 정복은 어떤 의미를 지닐까?

기원후 1~2세기 로마가 최전성기에 도달했을 때 그곳에는 약 6000만 명의 사람들이 살고 있었다. 로마의 영토는 동쪽으로는 아라비아 사막, 서쪽으로는 영국에 미쳤다. 북쪽으로는 라인 강과 다뉴브 강 이남 지역을 차지하였고, 남쪽으로는 북아프리카와 이집트가 포함되어 있었다. 로마가 이 방대한 제국을 정복하기 이전에 로마 제국 내에는 많은 종족과 여러 문명이 각각의 영역을 가지고 발달하고 있었다. 대략 큰 종족만 세어도 족히 열 개는 될 것이다. 아랍 인, 페니키아 인, 유대

인, 시리아 인, 그리스 인, 마케도니아 인, 갈리아 인, 게르만 인, 이집트 인, 라틴 인 등. 이 큰 종족들 내부에는 또 많은 작은 종족들이 있다. 가령 갈리아 인들은 남서유럽 전역과 영국에 걸쳐 살고 있었다. 그 안에는 세노네스 족, 보이 족, 에부로네스 족, 카르누테스 족, 헬베티아 족 등 수 많은 족속들이 있었다.

 이 많은 종족들은 각각의 독특한 문명을 발달시키면서 개별적으로 존재하였다. 각 지역별로 언어가 달랐고, 정부 형태도 달랐으며, 종교가 달랐고, 사고방식도 달랐다. 사람들이 각각 달랐을 뿐만 아니라 그들은 쉬지 않고 서로 싸웠다. 그리스 인들과 트로이 인들이 싸웠고, 이집트 인들과 히타이트 인들이 싸웠다. 그리스 인들과 페르시아 인들이 싸웠고, 스파르타 인과 아테네 인들이 싸웠다. 갈리아 인들은 끊임없이 남서유럽을 휘젓고 다니며 약탈을 일삼았고, 추운 북쪽에서 살았던 게르만 인들은 남쪽으로 진출하기 위해 계속해서 남하하였다.

 물론 로마가 세계를 정복하기 이전에도 사람들 사이의 만남이 있었지만 그것은 주로 교역을 하기 위한 것이었다. 즉 사람들은 자신들 지역에서 남은 것을 수출하고, 다른 지역에서 남는 것을 수입하기 위해서 만났을 뿐이다. 출신이 다른 사람들이 만나서 거래를 하려면 교환 수단이 있어야 한다. 당시에도 이미 금속 화폐와 은행이 있었다. 그렇지만 로마가 세계를 정복하기 이전 각 지역은 별개의 화폐를 사용하였다. 이집트 인들은 이집트의 화폐를, 그리스 인들은 그리스의 화폐를 사용하였다. 너무나 많은 종류의 화폐가 사용되었기 때문에 사람들은 저울을 가진 환전상들의 도움 없이는 거래를 할 수 없었다.

그런데 로마가 세계를 정복한 후 로마 세계 내에서 사람들 사이의 전쟁이 종식되었고, 분쟁이 사라졌다. 그 넓은 제국 어디를 가도 더 이상 말발굽 소리와 창 던지는 소리가 들리지 않았다. 역사가 에드워드 기번은 로마 제국이 세계를 지배한 이 시기를 '인류사에서 가장 행복했던 시기'라고 말했다. 전쟁이 사라졌을 뿐만 아니라 언어와 문화, 심지어 종교까지 통합되었다. 넓은 제국 어디에 가든지 라틴 어 혹은 그리스 어를 할 줄 안다면 대화에 문제가 없었으며, 로마법의 보호를 받을 수 있었다.

또한 사람들의 여행이 자유로워지면서 문화와 사상이 빠르게 전파되었다. 기독교가 그렇게 신속하게 전파될 수 있었던 것도 로마 제국이 국경의 장벽을 없애고, 해적과 도적을 소탕함으로써 신자들의 이동이 자유로웠기 때문이다. 이렇게 정치 제도와 법률, 언어와 문화, 사상과 종교가 통일되면서 사람들은 점차 자신들이 하나의 세계에 살고 있다는 확신을 갖게 되었다.

　모든 사람들이 차별받지 않고 하나의 세계에 살고 있다는 의식을 가졌다는 것은 로마가 '보편 제국'이 되었다는 것을 의미한다. 역사상 세계 여러 나라의 지도자들이 세계를 통일하여 하나로 만들려고 했다. 그러나 로마만큼 여러 종족과 지역을 정복하여 하나로 묶는 데 성공한 제국은 없었다. 이 점에서 로마는 세계에서 가장 위대한 제국이다. 그리고 이 보편 제국에서 유럽 문화의 기반이 마련되었다. 즉 현재 서양의 정치 제도, 법률, 종교, 문화생활의 기반이 로마 시대에 형성되었고 이 때문에 유럽 인들은 각기 다른 나라에 속해 있으면서도 유럽 인이라는 동질 의식을 가질 수 있었다. 이 동질 의식이 유럽 통합의 근거를 제시했음은 두말할 필요가 없을 것이다.

로마가 세계를 세 번 정복했다는 말의 의미는 무엇일까?

로마 제국은 지중해 세계를 정복하여 역사상 가장 오랫동안 세계를 지배했을 뿐만 아니라, 로마법과 기독교를 통해서 세계를 두 번이나 더 정복하였다. 로마 인들은 체계적이고 방대한 법률을 제정했고, 법률 문화를 만들었다. 즉 법을 통치와 모든 사회생활의 기준으로 삼았고, 분쟁이 발생하면 법으로 해결하였다. 로마법은 인간사의 거의 모든 것을 규정하고 있다. 즉 세밀한 재산 상속 순위에서부터 어떤 집에서 자란 나뭇가지가 다른 집으로 뻗었을 때 그 가지에서 열리는 열매는 누구의 소유인가에 이르기까지 크고 작은 일들이 거의 모두 규정되어 있다. 또한 훌륭한 재판 제도가 있었다. 로마 인들은 피고에게 묵비권을 허용했으며, 변호인의 도움을 받을 수 있도록 했고, 현대 미국처럼 정교한 배심원단 제도를 만들었다.

이렇게 뛰어난 로마법은 12표법에서 시작된다. 기원전 449년에 제정된 12표법에 대한 로마 인들의 자부심은 대단했다. 키케로는 로마 인들이 만든 최초의 법인 12표법이 통치와 도덕의 확실한 원리를 제시했다고 주장하면서 12표법은 그리스 철학책 1만 권보다 소중하다고 말했다.

로마 인들은 또한 법전을 편찬하는 데 열심이었는데, 최고의 법전 편찬자는 동로마 제국의 황제였던 유스티니아누스(Justinianus I, 483~565)였다. 그는 로마법을 총 정리한 『유스티니아누스 법전』을 만들었고, 로마 법전의 해설서인 『학설휘찬(Digest)』을 만들었다. 『학설휘찬』은 300만 행, 15만 개의 문장으로 이루어진 방대한 저서이다.

중세 이래 서양의 거의 모든 국가들은 로마법의 권위를 인정하였으며 로마법에 근거해서 법률을 정비하였다. 가령 1804년에 만들어진 나폴레옹 법전, 1811년에 만들어진 오스트리아 민법전, 1896년에 만들어진 독일 민법전, 1911년에 만들어진 스위스 민법전 등이 로마법의 영향을 크게 받은 것이었다. 그리고 근대 제국주의 시대를 걸쳐서 서양의 법이 아시아와 아프리카로 수출되었다. 로마 제국은 위대한 법전과 법률 문화를 만들었고, 현재 세계의 거의 모든 나라가 로마법의 영향을 받고 있는 셈이다.

기독교가 로마 제국의 유산이라고 하면 선뜻 받아들이지 않은 사람들이 있을 것이다. 보통 사람들은 로마하면 바로 검투사 경기를 떠올리고 로마는 폭력적이고 타락한 제국이라고 생각한다. 더욱이 로마 제국은 기독교를 박해했고, 원형 경기장에서 신자들을 맹수들에게 넘겨주기도 했다.

    그러나 로마 제국이 없었더라면 기독교는 세계적인 종교가 되지 못했을 것이다. 먼저 기독교의 탄생기에 로마는 기독교를 적극적으로 보호하였다. 기독교는 유대 인들의 극심한 탄압을 받았다. 사도 베드로와 바울을 비롯한 기독교 지도자들은 몇 번이나 목숨을 잃을 위기를 맞았다. 이들이 위기에 처했을 때마다 그들을 구해 준 것은 로마의 관리들이었다. 로마가 기독교 신도들을 적극적으로 보호했던 것은 법치의 정신에 따른 것이었다. 유대 인들이 종교적인 이유로 기독교를 죽이는 것은 로마법에 어긋나는 것이었기에 로마의 관리들은 유대 인들을 제지하였다.

    또한 로마는 기독교가 세계로 전파될 수 있는 환경을 조성해 주었다. 앞에서 지적했듯이 로마가 제국을 통일하면서 국경과 언어의 장벽이 철폐되었고, 자유로운 여행이 보장되었다. 그리고 로마 인들은 전 제국을 연결하는 도로를 건설하여 물자와 인력의 교환을 원활하게 했다. 이 덕분에 기독교 신자들은 안심하고 전도 여행을 다닐 수 있었다. 이미 2세기 후엽에 기독교 지도자들은 이 사실을 명확하게 깨달았다. 그들은 로마 제국 덕분에 기독교가 유례없이 빠르게 팽창하고 있다는 것을 깨닫고 로마 제국에 우호적인 태도를 취하기 시작했다. 3~4세기가 지나면서 이 태도가 더욱 강화되어 많은 기독교 지도자들이 로마를 하느님의 제국이라고 생각하게 되었다. 그들은 하느님이 인류를 구원하기 위해서 그리스도와 로마 제국을 인간에게 주셨다고 믿었으며, 로마 제국이 멸망하면 세상도 멸망할 것이라고 생각했다.

뿐만 아니라 일반적으로 알려져 있는 것보다 로마 제국의 기독교에 대한 박해는 그렇게 극심하지 않았다. 박해는 간헐적으로 이루어졌으며, 박해가 있을 때조차도 대부분 지도자만이 처벌받았다. 더욱이 로마는 3세기 이후에 기독교에 대한 박해를 사실상 중단했으며, 313년 밀라노 칙령으로 기독교를 공인했고, 392년에는 국교로 삼았다. 결국 기독교는 로마 제국의 종교가 되었으며, 로마는 기독교를 세계의 종교로 키웠다. 현재 세계적으로 기독교 신자가 20억 명이 넘으니 인구 세 명 가운데 한 명은 기독교 신자인 셈이다. 로마 제국이 없었더라면 불가능한 일이었을 것이다.

영원한 제국 로마

로마 제국의 위대한 업적에 고무된 로마 인들은 로마 제국이 영원할 것이라는 생각을 가지게 되었다. 이런 생각은 공화정 말기의 지식인들인 살루스트, 바로, 키케로 등을 통해서 널리 퍼졌고 아우구스투스가 제정을 수립한 이후에는 종교 의식, 문학과 예술, 화폐 등 다양한 수단을 통해서 선전되었다. 이런 선전에 의하면 이제 세계는 로마에 의해서 하나가 되었고, 로마가 세계 그 자체가 되었다. 이후 지식인들은 로마 제국의 보편성과 영원성을 계속 노래했고 점차 많은 사람들이 그런 생각을 당연한 것으로 받아들이게 되었다.

아우구스투스 이후 교세를 확장하다가 로마 제국의 국교가 된 기독교도 '영원한 로마' 이념을 더욱 강화하였다. 기독교는 하느님이 세상을 구원하기 위해서 인류에게 예수와 로마 제국을 주었다고 주장하였다.

근대의 지식인들도 로마가 유럽 문명의 어머니라는 생각을 확고히 가지고 있었다. 시인 엘리어트는 "우리가 유럽의 문화를 계승하고 있는 한 우리 모두는 아직도 로마 제국의 시민들이다."라고 말했다. 이렇게 유럽 인들이 로마의 전통을 이어가고 있다는 생각은 지금도 계속되고 있고, 그런 생각이 유럽을 하나로 만들고 있다.

3

로마는 능력 있는 이방인들을 얼마나 중용했을까?

— 속주민들도 원로원 의원이 될 수 있었을까?
— 외국인들도 로마의 왕이 될 수 있었을까?
— 로마 밖에서도 황제가 나올 수 있었을까?
— 노예도 황제의 자리에 오를 수 있었을까?
— 당시 사람들은 로마의 지배를 어떻게 받아들였을까?

로마는 지중해 모든 종족들에게 공통의 조국이 되었다.
— **나마티아누스**(Rutilius Claudius Namatianus, ?~?)

속주민들도 원로원 의원이 될 수 있었을까?

　세계를 정복한 이후 로마는 피정복지를 속주(provincia)로 편입하였다. 로마가 번성을 구가하고 있을 때 이탈리아를 제외한 대부분의 지역은 속주였다. 로마가 무력으로 세상을 정복했기에 로마 인들은 정복자였고, 속주민들은 피정복자였다. 따라서 로마 인들은 정복자로서 우월적인 지위를 이용하여 피정복자를 학대하고 착취할 수 있었다. 그러나 로마 인은 최대한 속주민을 포용하기 위해서 노력했다. 이전의 어떤 제국보다 세금을 적게 징수하였으며, 속주민들에게도 로마를 위해서 봉사할 기회를 주었고, 속주민 가운데서 능력 있는 사람들을 로마의 주요 관직에 중용하였다. 따라서 속주민이라도 능력만 있다면 로마의 최고 관직에 오를 수 있었고, 원로원 의원이 될 수도 있었으며, 심지어 황제가 될 수도 있었다.

기원후 48년 로마 원로원에서 벌어졌던 토론을 살펴보자. 48년 로마 원로원에서 격론이 벌어졌다. 카이사르가 정복했던 갈리아 코마타[20] 인들에게 원로원 의원직을 개방해야 할 것인가 말아야 할 것인가를 놓고 찬반 양파가 대립했던 것이다.

반대파는 먼저 지금까지 로마 인들이 희생과 용기를 통해서 로마 제국을 건설했다는 것을 지적했다. 그때까지 로마 제국을 건설하기 위해서 피와 땀을 흘린 것은 자기들의 조상인데 그 과실을 남과 나눈다는 것은 부당하다는 것이었다. 그리고 이탈리아의 인적 자원이 원로원 의원들을 배출하기에 충분하다고 주장했다. 원로원 의원직이 한정되어 있고, 카이사르 시절부터 원로원 의원직이 히스파니아(현재의 에스파냐 지역)와 일부 갈리아 지역 출신민들에게 개방되었기 때문에 로마의 명문 가문들도 원로원 의원직을 차지하기 힘든 상황임을 강조하기 위해서였다. 그리고 마지막으로 갈리아 코마타는 유명한 갈리아 인 지도자 베르킨토릭스의 본국

---

20) 오늘날의 프랑스 중부와 북 프랑스, 벨기에, 네덜란드의 대부분과 독일 라인란트 지역을 포괄한다.

임을 지적하였다. 그들은 불과 100여 년 전에 베르킨토릭스(Vercingetorix, B.C.82~B.C.46)의 지도하에 대규모 반란을 일으켜 수많은 로마군을 죽였으며, 카이사르를 위험에 빠뜨렸다. 반대파들은 그들의 반란 때문에 할아버지를 잃은 사람들이 살아 있다는 것을 지적하면서 감정에 호소하였다.

찬성파를 대표한 사람은 다름 아닌 클라우디우스 황제(Claudius, B.C.10~A.D.54)였다. 얼굴이 못생기고 말을 더듬는 그에게 친척들, 심지어 그의 어머니도 '괴물'이라고 놀렸다고 한다. 그러나 그는 연설로서 사람들을 감동시키는 능력을 갖고 있었다. 못생기고 말까지 더듬는 그가 연설을 잘하는 것을 보고 많은 사람들이 놀랐다고 한다. 더욱이 그는 학식이 깊어서 에트루리아와 카르타고에 대한 역사를 집필했으며, 특히 로마의 역사에 해박했다. 로마의 역사를 되짚으면서 클라우디우스는 로마가 성공할 수 있었던 원인이 능력 있는 인재를 중용했기 때문이라고 생각했다. 이 때문에 클라우디우스는 카이사르가 정복한지 100여 년이 지나서 로마의 문화와 제도를 받아들이는 데 성공했던 갈리아 코마타 인들을 원로원 의원으로 중용하고자 했다. 인적 자원이 크면 클수록 더 뛰어난 사람이 원로원 의원이 될 것이기 때문이다. 그는 다음과 같은 취지의 연설로써 반대파의 논거를 격파하였다.

우리 조상들은 출신을 가리지 않고 능력 있는 자들을 받아들였습니다. 율리우스 가문은 알바 롱가 출신이고, 코룬카니우스 가문은 카메리움 출신이고, 포르키우스 가문은 투스쿨룸 출신입니다. 처음에는 에트루리아와 루카니아 출신자들이, 후에는 전 이탈리아 출신들이 원로원 의원으로 중용되었습니다. 그리고 이탈리아의 영역도 알프스 산맥까지 확대되었습니다. 그리하여 이탈리아 내의 모든 사람들, 모든 부족들이 로마 시민권을 갖게 되었습니다. 포 강 너머에 살던 이탈리아 인들에게 시민권을 주자 그들은 우리의 군대에 지원하여 모자란 병력을 채워 주었습니다. 발부스 가문은 히스파니아에서 왔고 그들 못지않게 뛰어난 자들이 나르본느 지역에서 왔습니다. 그들의 후손이 지금 우리와 함께 있는데, 그들의 애국심은 우리의 애국심에 조금도 뒤지지 않습니다.

뛰어난 전쟁 능력을 갖고 있던 아테네와 스파르타가 왜 멸망했습니까? 그들이 정복한 자들을 이방인으로 배척하였기 때문이 아니겠습니까? 그들과 달리 로마의 창설자이신 로물루스는 너무나 현명하셔서 전쟁에서 승리하면 그날로 정복한 자들을 동료 시민으로 받아들였습니다. 그래서 외국인 출신으로 왕이 된 자도 있습니다. 누마 왕은 사빈느 출신이었고, 타르퀴니우스 프리스쿠스 왕의 아버지는 코린트 사람이었습니다. …… 정복당한 자들로 하여금 그들의 금과 자산을 로마로 가져오게 하십시오.

클라우디우스의 연설은 출신과 태생을 가리지 않고 능력 있는 자를 중용하는 것이 로마의 전통이자, 성공의 비결이라는 것을 명확히 보여 준다. 클라우디우스의 연설이 끝나자 기득권을 지키려던 반대파 원로원 의원들은 자신들이 옹졸한 생각에 사로잡혔음을 깨달았다. 이렇게 해서 로마에 반란을 일으켜서 수많은 로마 인을 죽였고, 카이사르를 위험에 빠뜨렸던 갈리아 코마타 인들도 원로원 의원으로 받아들여졌다. 이후 로마는 거의 모든 속주에 원로원 의원직을 개방했다.

속주민에게 원로원 의원직을 개방했다고 해서 한두 명만이 상징적으로 원로원 의원이 되었다면 그것은 진정한 개방이 아닐 것이다. 로마는 이 점에서 결코 옹색하지 않았으며 한 번 세워진 원칙을 철저히 지켰다. 따라서 많은 속주민들이 원로원 의원이 되었으며 시간이 지나면서 그 비율은 갈수록 높아졌다. 베스파시아누스 황제(Titus Flavius Vespasianus, 9~79) 때부터 세베루스(Lucius Septimius Severus Pertinax, 146~211) 시기까지 출신지가 확인된 원로원 의원들을 도표로 정리해 보면 다음과 같다.

68~217년 사이 속주민 출신 원로원 의원의 비율

황제명 원로원	베스파시아누스	도미티아누스	트라야누스	하드리아누스	안토니누스	아우렐리우스	코모두스	세베루스와 카라칼라
원로원 의원 총 수	386	404	428	332	355	342	259	937
출신 확인 의원 수	178	163	152	156	167	180	144	479
이탈리아 출신 의원	148	125	100	88	96	98	63	204
속주 출신 의원	30	38	52	68	71	82	51	275
백분율	16.8	23.4	34.2	43.6	42.5	45.6	44.7	57.4

이 도표를 자세히 보면 알겠지만 2세기 말이 되면 로마의 원로원은 반 이상이 속주 출신으로 채워진다. 즉 정복당한 자들이 로마의 최고의 권력 기구인 원로원을 장악한 셈이다. 로마 인들의 이런 개방성은 고대 국가에서는 유례없는 것이다. 이처럼 로마 인들은 정복자로서 기득권을 포기하고, 피정복자 가운데에서도 능력 있는 자를 적극적으로 중용했다.

외국인들도 로마의 왕이 될 수 있었을까?

자연에는 비약이 없다는 말이 있는데, 사실 이 말은 사회에도 그대로 적용된다. 아무리 뛰어난 사람이라고 해도 사회를 그야말로 혁명적으로 단숨에 바꿀 수는 없는 일이다. 클라우디우스가 속주민들에게 원로원 의원직을 개방했던 것은 그가 개인적으로 특별히 개방적인 마음을 가졌기 때문이 아니라 원래 로마의 전통이 있었기 때문에 가능한 일이었다.

혈통과 태생이 아니라 능력을 중요시하는 로마 인의 전통은 로마가 건국되면서부터 시작되었다. 학자이기도 했던 클라우디우스는 로마 왕정기의 왕위 계승에 대해서 이렇게 말했다.

이렇게 해서 왕들이 로마를 다스리게 되었습니다. 그러나 왕들은 그들 가문에서 후계자를 찾지 않았습니다. 다른 가문에서 심지어는 외국인 가운데서 후계자를 찾았습니다. 그렇게 해서 사비니 출신이었던 누마가 로물루스를 계승하였습니다. 비록 그가 인접 부족의 일원이었지만 외국이었던 것은 확실합니다. 또한 안쿠스 마르키우스를 계승했던 타르퀴니우스 프리스쿠스도 외국인이었습니다. 타르퀴니우스는 혼혈아여서 그의 모국에서는 공직에 오를 수 없었습니다. 그의 아버지는 코린토스 출신의 데마라투스였고 어머니는 타르퀴니아(이탈리아 중부 리치오 주에 있는 에트루리아 계통의 도시) 출신이었습니다. 그런 그가 로마로 이주하여 왕에 오른 것입니다. 타르퀴니우스 다음으로는 세르비우스 툴리우스가 왕이 되었습니다. 그의 어머니는 오크레시아로 그녀는 전쟁 포로였습니다.

이상의 클라우디우스의 설명에는 나오지 않은 3대왕인 툴루스 호스틸리우스는 로마 인 출신이었다. 따라서 로마의 일곱 왕 가운데서 네 명이 외국인 출신이었다.

이렇게 외국인들이 로마의 왕이 될 수 있었던 것은 왕이 세습제가 아니라 선출제였기 때문이다. 로마의 원로원은 왕이 죽고 나면 적당한 후보자를 선출하고, 곧 민회가 열려서 그를 왕으로 인정할 것인지 말 것인지 결정하였다. 결국 모든 로마인이 왕의 선출에 관여했고, 그들이 직접 왕을 선출했기에 왕에 대한 충성심이 더욱 컸다.

로마가 공화정으로 이행했을 때는 왕이 없었다. 공화정기에 거의 모든 관리는 선출로 뽑혔다. 선출을 통해서 가장 유능한 지도자가 등장한다는 보장은 없지만, 사람들이 가장 유능하다고 생각하는 사람을 선출할 것임은 분명하다. 따라서 대체적으로 공화정기에도 유능한 사람들이 최고 권력자로 선출되었다고 해도 무방할 것이다.

로마 밖에서도 황제가 나올 수 있었을까?

기원전 27년 이후 우리가 왕이라고 부를 수 있는 존재가 다시 등장한다. 이해 옥타비아누스가 카이사르 이후의 혼란을 잠재우고 로마 제국의 1인자가 되었다. 그는 스스로를 '제1시민'이라고 불렀지만, 후대인들은 그를 황제라고 부른다. 그가 명목적으로는 황제에 취임하지 않았지만 황제와 같은 막강한 권력을 행사했기 때문이다. 최고 지도자의 명칭이 무엇이든지 간에 기원전 27년 이후 로마는 황제가 다스리는 체제, 즉 제정 시대로 최고 권력자 일 인이 로마 제국을 지배했던 것은 사실이다.

황제가 로마를 다스렸다고 말하면 사람들은 당연히 황제직이 세습되었을 것이라고 생각하기 쉽다. 그러나 제정기에 로마의 황제직이 단순히 세습되었던 것은 아니다. 옥타비아누스의 뒤를 이어 황제가 된 사람들을 차례로 열거한다면 티베리우스(Tiberius, B.C.42~A.D.37), 칼리굴라(Caligula, 12~41), 클라우디우스, 네로(Nero, 37~68), 오토이다. 이들 중 누구도 전임 황제의 아들이 아니었다. 물론 혈통이 완전히 무시되지는 않았다. 그들은 모두 전임 황제와 어떤 식으로도 혈연적으로 묶여 있었다. 사람들은 황제의 지위를 가급적 황제의 가문 내에서 물려받게 해야 한다는 것을 인정했지만, 그 아들이 황제가 되어야 한다고 생각하지는 않았다. 따라서 황제의 가문에서 가장 능력 있는 자가 후계자로 선정되었다. 대개 전임 황제가 황가에서 능력 있는 자를 낙점하여 후계자로 삼고 통치 훈련을 시키는 것이 관례였다. 그러나 전임 황제가 후계자로 선정했다고 해서 바로 다음 황제가 되는 것은 아니었다. 원로원의 동의를 얻어야 했던 것이다. 황제가 죽고 나면 원로원이 전임 황제가 후계자로 삼은 사람을 비준했으며, 후임자가 없을 경우 투표로서 새로운 황제를 뽑았다.

이런 전통이 있었기에 뛰어난 사람들이 황제가 되었으며 오현제 시대가 열릴 수 있었다. 오현제 시대는 98년부터 180년까지 현명한 다섯 명의 황제가 등장하여 로마를 최대의 번영기로 이끌었던 시대를 말한다. 오현제는 네르바(Nerva, 30~98), 트라야누스(Marcus Ulpius Trajanus, 53~117), 하드리아누스(Publius Aelius Hadrianus, 76~138), 안토니누스 피우스(Antoninus Pius, 86~161), 마르쿠스 아우렐리우스를 말하는데, 이 가운데 누구도 제위를 세습시키지 않았다. 그들은 모두 가장 유능한 사람을 후계자로 선정하고 원로원의 비준을 받아서 후계자를 결정하였다.

혈통이 황제가 되는 데 있어서 가장 중요한 요인이 아니었다는 것을 우리는 여러 황제들의 사례에서 확인할 수 있다. 68년 폭군 네로가 죽자 다시 한 번 내전이 일어났다. 여러 명문가의 자손들이 내전에 참가하였지만, 최종적으로 황제가 되어서 새로운 시대를 연 사람은 베스파시아누스였다. 그는 사비니 지방의 레아테라는 작은 마을에서 태어났다. 그의 아버지 플라비우스 사비누스는 기사 신분이었다. 기사 신분은 원로원과 평민 사이에 있는 신분이었다. 그는 소아시아에서 세금 징수원으로 일하다가 스위스 동부 지역으로 이사하여 금융업에 종사하였다. 따라서 베스파시아누스는 로마 출신도 아니고 명문 가문 출신도 아니었다. 베스파시아누스는 원로원의 동의를 받아 황제가 되었고 10년간 통치하였다. 베스파시아누스가 황제가 되었을 때 역사가 타키투스는 "로마 밖에서 황제가 배출될 수 있다는 제국의 비밀이 드러났다."고 말했다.

베스파시아누스 이후에도 여러 황제들이 속주에서 배출되었다. 로마 제국의 영토를 최대로 넓힌 트라야누스 황제는 에스파냐(당시 지명은 히스파니아) 남부의 이탈리카 출신이고, 오현제 중의 한 명인 안토니누스 피우스는 네마우수스(현재 니메스) 출신이며, 『명상록』으로 유명한 마르쿠스 아우렐리우스 황제는 역시 에스파냐 남부의 우쿠비 출신이다. 또한 황제

가운데서는 비천한 출신도 많았다. 비천한 출신으로 황제에 오른 사람 가운데 가장 유명한 사람은 디오클레티아누스 황제이다.

노예도 황제의 자리에 오를 수 있었을까?

디오클레티아누스는 243년 지금의 유고슬라비아 지역, 당시로는 일리리쿰 속주 달마티아 해안에서 태어났다. 그의 아버지는 원로원 의원 아눌리누스(Anullinus) 가문의 노예였다가 해방된 사람이다. 아버지가 노예였다면 디오클레티아누스도 태어났을 때는 노예였을 것이다. 그는 교육을 거의 받지 못했을 것이고 기껏해야 하인으로서 필요한 실용 기술을 습득하였다. 그러나 그는 284년 로마 제국의 황제가 되어 21년간 통치하였다.

디오클레티아누스는 3세기의 위기에서 로마 제국을 구한 것으로 유명한 황제이다. 3세기에 로마는 그야말로 존망의 위기를 겪었다. 북쪽에서는 게르만 족이 동쪽에서는 페르시아가 쳐들어왔기 때문이다. 게르만 족은 현재의 스위스, 프랑스, 독일 지역을 침공하였고 심지어 이탈리아 북부까지 진출하여 약탈을 일삼았다. 페르시아는 안티옥을 비롯한 소아시아 일대를 점령했다. 페르시아 군에 맞선 로마군은 연전연패했으며 259년경에는 발레리아누스(Publius Licinius Valerianus, ?~260) 황제가 페르시아 군에게 포로로 잡혀가기까지 했다. 이런 상황에서 군인들이 득세하여 234년부터 284년까지 스물여섯 명의 군인들이 황제가 되었다. 이렇게 내우외환이 계속되는 가운데 전염병까지 돌자 로마 인들은 로마 제국이, 나아가 세계의 종말이 임박했다는 긴 한숨을 내쉬었다.

이런 상황에서 혜성같이 등장한 디오클레티아누스는 게르만 족과 페르시아군을 연파하고 군사적으로 로마를 안정시켰을 뿐만 아니라 정치, 행정, 경제 개혁을 단행하여 로마 인들에게 평화와 안정을 되찾아 주었다. 그 덕분에 로마는 천 년 이상 더 유지될 수 있었다.

그런데 디오클레티아누스는 그 누구도 구상하지 못했던 새로운 체제를 수립하였다. 그가 세운 체제를 **사분 체제**라고 하는데, 네 명의 황제가 제국을 네 개 지역으로 나누어 통치하는 것을 말한다.[21] 그는 군대와 인민들의 확고한 지지

---

21) 디오클레티아누스는 로마 제국이 너무나 넓기 때문에 혼자서 다스리는 것이 무리라고 생각하였다. 그래서 네 명의 황제가 각각의 통치 구역을 할당받아 독립적인 행정부와 군대를 가지고 자율적으로 통치하게 하였다. 이렇게 제국을 네 개

를 받았기 때문에 제위에 아무런 위협을 받지 않았지만 스스로 세 명의 동료 황제를 세웠다. 287년에 먼저 막시미아누스(Publius Licinius Valerianus, ?~260)를 동료 황제로 세워서 제국의 반을 다스리도록 했고, 293년에는 갈레리우스(Valerius Maximianus Galerius, ?242~311)와 콘스탄티우스(Constantius I, ?250~306)를 새로운 황제로 임명하였다. 자신과 막시미아누스를 정제(正帝)라고 부르게 했고, 나머지 두 명의 황제를 부제(副帝)라고 부르게 했다. 부제도 제국의 4분의 1을 다스리지만 정제의 지휘를 받았다.

그런데 디오클레티아누스가 세운 새로운 체제에서 가장 중요한 것은 황제를 임기제로 했다는 것이다. 그의 구상에 따르면 혈연을 배제하고 가장 유능한 사람이 부제로 선발되어 10년간 통치한다. 10년이 지나면 새로운 부제를 선임하고 정제가 되고 기존의 정제는 은퇴한다. 이런 구상을 실제로 실천하기 위해서 디오클레티아누스와 그의 동료였던 막시미아누스를 설득하여 함께 은퇴했다. 디오클레티아누스가 황제의 임기제를 구상했던 것은 늙은 사람이 물러나야 능력 있는 젊은이

의 구역으로 나누어 통치하는 방식을 사분 체제라고 부른다. 그러나 제국이 네 개로 분할된 것은 아니다. 네 개의 통치 구역에 모두 로마법이 적용되었고, 네 명의 황제가 협의하여 정책을 결정하였기 때문이다.

가 황제가 될 수 있다고 확신했기 때문이다. 이는 고대 세계에서는 정말 혁신적인 발상이었다. 당시에는 황제직을 세습하고 한번 황제가 되면 죽을 때까지 다스린다는 생각이 일반적이었기 때문이다. 물론 디오클레티아누스가 그런 혁신적인 구상을 할 수 있었던 것은 능력 있는 사람이 제국을 통치해야 한다는 로마의 전통이 있었기 때문에 가능했을 것이다.

지금까지 로마 인들이 황제와 원로원을 비롯한 지도자를 출신 지역과 태생을 문제 삼지 않고 선출했다는 것을 살펴보았다. 이런 원칙은 지도자를 뽑는 데 한정되지 않았다. 학문, 예술, 문화 등 모든 사회 영역에서 로마는 출신과 태생을 가리지 않고 능력 있는 자를 우대하였다. 이 때문에 우리가 이름을 기억하는 로마 인 가운데 상당수는 비로마 출신이다. 가령 로마의 최대 문호인 키케로는 이탈리아 중부에 있는 도시 아르피눔 출신이고, 네로 황제의 스승이자 유명한 스토아 철학자인 세네카(Lucius Annaeus Seneca, B.C.4~A.D.65)는 에스파냐 코르두바 출신이다. 『신국론』으로 유명한 아우구스티누스(Aurelius Augustinus, 354~430)는 아프리카의 히포 출신이다. 로마법의 대가 울피아누스(Domitius Ulpianus, ?170~228)는 시리아의 튀로스 출신이다. 『게르마니아』를 저술한 타키투스는 프랑스의 바시오 출신이다.

이처럼 로마 인들이 능력 있는 자들을 존중하고 중용한다는 사실은 이미 당대에 비로마 인들에 의해서 인식되고 찬양되었다. 비로마 인들이 로마 인을 어떻게 인식했는지, 로마의 지배를 어떻게 받아들였는지 살펴보자.

당시 사람들은 로마의 지배를 어떻게 받아들였을까?

155년 안토니누스 피우스 시절에 소아시아 출신의 그리스계 철학자인 아리스티데스(Publius Aelius Aristides, 118~?180)가 로마의 궁정을 방문하였다. 그는 황제 앞에서 로마의 성공 비결을 다음과 같이 이야기했다.

로마는 해가 지지 않을 만큼 넓은 영토를 가지고 있습니다. 그 옛날 동방 지역을 통일했던 페르시아보다 더 넓은 영토를 가지고 있습니다. 로마의 영토는 아프리카, 아시아, 유럽의 세 대륙에 걸쳐 있고 그 한가운데 지중해가 있습니다. 세계 모든 지역의 문화와 상품이 이곳 로마로 흘러들어 오고 있습니다. 심지어 멀리 남아라비아와 인도에서까지 상품이 몰려들고 있습니다.

그러나 로마의 위대함은 단순히 영토가 넓다는 데 있지 않습니다. 문명 세계 전체가 로마가 영원하기를 기도하고 있습니다. 지금까지 존재했던 모든 제국 가운데서 로마만이 진정으로 자유로운 사람들의 제국을 건설했기 때문입니다. 로마는 공공 업무를 너무나 공정하게 처리해서 문명화된 모든 세계가 마치 하나의 국가가 된 것처럼 느끼고 있습니다. 로마는 정복한 자들을 노예로 부리기 위해서가 아니라 보호하고 지켜 주기 위해서 관리를 파견했습니다.

로마는 어느 지역 출신이든 가리지 않고 고귀하고 능력 있는 모든 사람에게 시민권을 주었습니다. 로마의 통치하에서 공직을 가질 자격을 갖추거나 신뢰할 만한 성품을 가진 자는 누구든지 이방인이 아닙니다.

이 글은 어디까지나 아리스티데스가 안토니누스 피우스에게 바치는 찬사의 글이다. 따라서 연설의 내용을 액면 그대로 받아들일 수는 없을 것이다. 그러나 아리스티데스의 주장에 비록 과장이 섞여 있을 지라도 그의 주장을 허구로 치부할 수는 없다. 앞에서 설명했듯이 많은 외국인들이 로마의 최고 권력 기구인 원로원 의원으로 중용되었을 뿐만 아니라 로마의 지배가 평화와 번영을 가져왔고 피정복자들과 하층민들조차도, 로마의 지배를 찬양하였기 때문이다. 그들은 로마가 세계를 지배하게 된 것은 신의 뜻이라고 믿었으며, 로마 제국 자체와 제국의 지배자들을 신격화하였다.

신격화된 로마와 로마의 지배자들은 동지중해 곳곳에 널려 있는 도시들의 신전에 안치되었다. 로마는 '여신 로마(Dea Roma)'로 숭배되는 일이 흔했다. 여신 로마는 일반적으로 그리스 신화에 나오는 아마존으로 묘사되었다. 여신은 아마존 여전사의 헬멧과 무기를 들고 있고, 한쪽 가슴을 내놓고 있었다. 그녀가 갖고 있는 무기는 로마가 뛰어난 전사임을 상징하고, 드러낸 가슴은 로마가 세계에 젖을 주는 자애로운 어머니라는 것을 상징한다.

로마의 황제들은 죽은 후에 심지어는 살아 있을 때부터 신으로 모셔졌다. 황제를 신으로 숭배하는 것을 황제 숭배라고 한다. 지금도 동지중해의 여러 도시의 신전에서 로마 황제들의 조각상이나 돋을새김이 발견되는데, 그들은 완전히 벌거벗은 경우가 많다. 현대인들은 신이 벌거벗었다면 이상하게 생각하겠지만, 그리스 로마 인들은 신들이 벌거벗고 있다고 생각했다.[22] 그래서 제우스를 비롯한 그리스 로마 신들은 완

---

22) 그리스 인들은 나체가 가장 원초적이고 이상적인 상태라고 생각했다. 그들은

전히 벌거벗은 모습으로 그려지는 경우가 많았다. 로마 황제들이 벌거벗고 있는 것도 그들이 신이라는 것을 상징한다. 로마가 정복한 사람들은 스스로 로마와 로마의 황제를 신으로 숭배했다. 이는 로마의 피정복민에 대한 정책이 그만큼 훌륭했기 때문에 가능했을 것이다.

체력 단련 학교에서 나체로 운동했으며, 올림픽과 같이 주요 제전에 참가하는 선수들도 나체였다.

로마 제국의 지배를 받게 된 사람들은 능력 있는 자를 포용하여 마음껏 그들의 능력을 발휘하도록 한 로마 제국의 위대함을 노래했다. 그 대표적인 작품 가운데 하나인 나마티아누스의 시를 감상하면서 '능력 있는 자는 모두 이방인이 아니다.'라는 말의 의미를 되새겨 보자.

들으소서, 당신의 세상에서 가장 아름다운 여왕 로마여,
당신은 별들의 양 끝 사이로 받아들여졌습니다.
들으소서. 인간들의 어머니이고 신들의 어머니이신 로마여.
당신의 신전 때문에 우리는 하늘로부터 멀리 떨어져 있지 않습니다.
우리는 항상 당신을 노래하고, 운명이 허락하는 한 계속 노래할 것입니다.
안전을 향유하고 있는 자라면 누구라도 당신을 잊을 수 없습니다.
우리들의 충심으로부터 당신의 명예가 멀어지는 것보다
불경스러운 망각이 태양을 가리우는 것이 더 빠를 것입니다.

당신은 여러 종족들에게 하나의 조국을 주었습니다.
부정한 자들은 당신이 지배할 때 복속하는 것이 이득이 되었습니다.
당신은 정복한 자들에게 당신의 법을 공유하도록 해서,
이전의 세상을 하나의 도시로 만들었습니다.

당신은 또한 법을 가져다주는 승리를 통하여 세상을 정복하여
세상으로 하여금 공통의 조약을 통해서 살도록 하였습니다.
세상의 어느 곳에 있는 로마 인이라도 당신을 찬양하고
평화를 이루는 당신의 지배에 기꺼이 복종합니다.
별들을 보존하는 영원한 움직임들도
당신보다 더 아름다운 제국을 보지 못하였습니다.

4

로마를
배움의 천재라고 하는
이유는 무엇일까?

- 군사적인 면에서 로마는 어떤 나라의 영향을 받았을까?
- 문화적인 면에서 로마는 어떤 나라의 영향을 받았을까?
- 로마는 단지 다른 나라를 모방하는 데 그쳤을까?

> 로마 인들은 다른 종족들에게 가치 있는 것이 있다면 기꺼이 모방하고 배웠다.
> — **살루스티우스**(Gaius Sallustius, B.C.86~B.C.35)

군사적인 면에서 로마는 어떤 나라의 영향을 받았을까?

로마 제국의 성공 비결을 배우기 위해서 우리가 두 번째로 만나야 할 사람은 로마 시민인 카이소(Kaiso, ?~?)이다. 그는 1차 포에니 전쟁[23] 때 활동했던 로마 시민이지만 그에 대해 알려진 것은 거의 없다. 그가 카르타고 사절들에게 행한 연설이 전해 올 뿐이다. 그의 연설을 들어 보기 전에 먼저 로마와 카르타고의 대립에 대해서 살펴보자.

사실 로마가 이탈리아를 통일하기 전 로마와 카르타고는

---

[23] 로마와 카르타고의 전쟁을 말한다. '포에니(Poeni)'는 라틴 어로 페니키아 인을 가리키는 말로, 카르타고는 페니키아 인이 세운 도시이다.

동맹국이었다. 두 나라는 수차례 조약을 체결하여 두 나라가 우호적인 관계를 맺고 서로 상대방의 영역을 침범하지 않기로 결정하였다. 그러나 이 우호 조약은 두 나라의 국경과 이해관계가 서로 충돌하지 않을 때 지켜질 수 있는 것이었다. 그동안 로마와 카르타고 사이에는 삼니움 인과 남부 이탈리아의 그리스 인들이 완충 역할을 하고 있었다. 그리고 로마는 농업 국가였기 때문에 해외 무역이나 지중해 진출에 대해서는 별 관심이 없었다.

그러나 기원전 270년경 로마가 이탈리아 반도를 완전히 통일하자 상황이 바뀌었다. 그동안 완충 역할을 하던 삼니움 인과 남부 이탈리아의 그리스 인이 사라지고 두 나라가 직접 대면하게 되었기 때문이다. 이제 기원전 9세기 이래 지중해 무역을 주도하고 있던 전통 강국 카르타고와 이탈리아를 통일한 신흥 강국 로마의 대립은 불가피해 보였다.

두 나라 사이의 긴장은 264년 폭발하고 말았다. 시실리 섬의 메사나라는 지역이 문제였다. 이 지역을 차지했던 군인들이 카르타고 인들의 지배를 두려워하여 로마 인의 도움을 요청하였다. 콘술 아피우스 클라우디우스(Appius Claudius Caudex, ?~?)가 두 개 군단을 이끌고 출정하였고 메사나 주변에 도착하여 카르타고 군과 대치하였다. 양 군대가 일전을 앞두고 있는 중요한 상황에서 최후의 협상을 벌였다. 이 협상에서 카르타고 사절에게 로마 인 카이소는 다음과 같이 연설했다.

이것이 바로 우리 로마 인들이오. 내가 말하는 것은 정말로 확실한 것이기 때문에 당신 도시로 돌아가서 그대로 전해도 좋소. 우리는 우리에게 전쟁을 선포한 자들에게 그들의 조건에 따라서 전쟁을 하오. 그리고 외국의 관습에 대해서 말해 보자면, 우리는 오랫동안 그 관습을 가지고 있던 자들보다 더 뛰어나게 그것을 익히오. 트리헤니아 인(에트루리아 인)들이 청동 방패로 무장하고 밀집 대형을 형성하고 우리에게 전쟁을 걸어 왔소. 당시 우리는 그런 대형을 알지 못하고 있었소. 그러나 우리는 우리의 무기와 대진을 그들의 것으로 바꾸어서 재조직했고, 그렇게 오랫동안 그 무기와 대형에 능숙했던 자들을 보기 좋게 무찔렀소.

그리고 삼니움 인들이 장방형 방패와 투창으로 무장하고 전쟁을 걸어 왔소. 당시 우리는 원형 방패와 찌르는 창을 사용하고 있었소. 그리고 삼니움 인들은 기병이 강했지만, 우리 로마 군은 거의 전적으로 보병이었소. 그러나 우리는 삼니움 인들과 전쟁이 본격적으로 진행되고, 그들 무기의 우수성을 안 다음 신속히 그들의 방패와 창으로 무장했고, 기병을 조직해서 싸웠소. 우리는 이렇게 다른 자들의 무기와 병법을 배워서 그 무기와 병법에 능숙한 자들을 무찔렀소. 카르타고 인들이여, 우리는 또한 성벽 포위술에도 익숙하지 못했소. 그러나 우리는 그 분야에 뛰어난 기술을 가지고 있던 그리스 인들에게 성벽 포위술을 배웠소. 이제 우리는 성벽 포위술에서 그리스 인들은 물론 세계의 어떤 종족보다 앞서 있소. 우리 로마 인들을 해전으로 몰아넣지 마시오. 만약 로마가 해군이 필요하다면, 우리 로마는 짧은 시간 안에 당신들보다 더 뛰어난 장비들과 군함들을 갖출 것이고, 오랫동안 바다 항해에 익숙해 있던 사람들보다 더 훌륭하게 해전을 해낼 것이요.

로마와 카르타고는 지중해를 사이에 두고 있었으므로 두 나라가 싸우게 되면 반드시 해전이 벌어질 것이고 그러면 바다의 주도권을 잡고 있는 자신들이 유리하다고 카르타고는 생각하고 있었을 것이다. 카이소는 이 속셈을 읽어 내고 비록 지금은 로마가 해군을 갖고 있지 않지만 마음만 먹으면 언제든지 해군을 육성할 수 있다는 것을 강조하기 위해서 이 연설을 했을 것이다.

그러나 카르타코 인들은 카이소의 충고를 듣지 않았고 로마와 전쟁을 감행하였다. 카이소의 말은 너무나 정확했다. 로마 인들이 메사나로 처음 군대를 파견했을 때 로마에는 군선은 고사하고 배 한 척도 없었다. 노 쉰 개를 장착한 배와 삼단 노선을 동맹국들로부터 빌려서 병력을 실어 날랐다. 그러나 카르타고와의 해전이 불가피하다는 것을 깨달은 로마 인들은 카르타고 해군의 5인조 노선 한 척을 나포했다. 삼단 노선은 노를 삼단으로 설치하여 수병 한 명이 노 하나를 젓는데 반해서 5인조 노선은 수병 다섯 명이 노 하나를 젓는 배였다. 삼단 노선에 비해서 5인조 노선이 크고 중량이 많이 나갔다. 로마 인은 카르타고의 5인조 노선이 삼단 노선보다 우수하다는 것을 깨닫고, 각지의 배 만드는 기술자들을 모아서 카르타고의 5인조 노선과 똑같은 배를 만들어 냈다. 그러나 로마 인들은 카르타코 인들을 모방하는 데 그치지 않고, 배에 코버스(corvus, 라틴 어로 '까마귀'를 의미)라고 불리는 특수한 장치를 설치했다. 이것은 끝에 무거운 쇠갈고리가 달린 이동식 연결 다리였다. 전투 시에 이 연결 다리를 적함에 떨어뜨려 적함을 아군의 배에 단단히 고정시킨 다음에 적함으로 돌진할 수 있었다. 이렇게 준비를 마친 로마군은 기원전 260년 메사나에서 멀지 않은 밀라에 부근 바다에서 카르타고 해군을 크게 무찔렀다.

문화적인 면에서 로마는 어떤 나라의 영향을 받았을까?

기원전 63년 로마 원로원에서는 난상 토론이 벌어졌다. 카틸리나라(Lucius Sergius Catilina, ?B.C.108~B.C.62)는 귀족과 그를 지지하는 무리들이 반란을 일으켰기 때문이다. 이때 카이사르는 최대한의 관용을 베풀자면서 다음과 같이 연설하였다.

원로원 의원들이여, 우리 조상들은 행동이나 용기에 부족함이 없었습니다. 그러나 자부심이 대단했지만, 다른 종족들에게 뛰어난 관습이 있다고 생각되면 배우는 것을 마다하지 않았습니다. 전쟁에 사용하는 무기나 병장기는 삼니움 인에게 배웠습니다. 권위를 표시하는 상징물은 대부분 에트루리아 인들에게 배웠습니다. 간략하게 말해 동맹국이든 적국이든 뛰어난 것이 있다고 생각되면, 정말 기꺼이 받아들였습니다. 우리의 조상들은 다른 자들이 뛰어난 것을 시샘하기보다는 그들을 따라잡기 위해서 노력하였습니다.

카이사르의 연설은 카이소의 연설과 흡사한 내용을 담고 있다. 그러나 카이소의 연설이 주로 군사적인 면에서 로마가 외국인들에게서 배웠다는 것을 이야기한 반면, 카이사르의 연설은 로마 인들이 특정 분야에 한정되지 않고 무엇이든 외국인들이 뛰어난 것이 있다면 기꺼이 배웠다는 것을 보여 준다.

자기의 약점을 인정하고, 자기보다 강하고 훌륭한 것이 있으면 배워야겠다는 태도만큼 인간의 역사를 발전시키는 것은 없다. 로마 인들이야말로 이러한 정신을 철저히 실천했던 사람들이다. 그들은 자기 것에 연연해하지 않았고, 원래 그 기술이나 관습을 가지고 있던 사람들보다 더 철저하게 배우고 익혔다. 그리고 자신들이 외국에서 배웠다는 것을 전혀 부끄러워하지 않았다.

로마 문화의 주요 유산 가운데 외국의 영향을 받은 것들을 살펴보자. 로마 인들이 세운 건축은 지금도 사람들의 경탄을 자아낸다. 5만 명을 수용할 수 있었던 콜로세움, 20만 명을 수용할 수 있는 대전차 경기장을 보고도 로마 문명의 위대함에 의심을 갖는 사람은 없을 것이다.

에트루리아 인들로부터 건축 및 토목 기술을 배우지 않았더라면 로마 인들은 거대한 건축물을 만들 수 없었을 것이다. 에트루리아 인들은 지중해 세계에서 가장 정교한 토목 건축 기술을 가지고 있었다. 특히 그들은 석재를 이용하여 아치를 만들었다. 아치는 건물이나 다리에서 기둥과 기둥 사이의 중심에 무리한 힘이 가해지지 않도록 쐐기 모양으로 만든 굄돌을 곡선으로 쌓은 것을 말한다. 로마 인들은 아치를 쌓는 기술을 에트루리아에서 배웠으며 덕분에 거대한 건축물을 쌓을 수 있었다.[24)]

  에트루리아 인들 다음으로 로마에 많은 영향을 끼친 것은 그리스 인들이다. 그리스와 로마는 인접 국가이지만 초기 로마 인들은 그리스 본토인들과 교류가 거의 없었다. 그러나 로마 역사가 시작되면서부터 로마 인은 그리스 인의 영향을 크게 받았다. 이탈리아 남부에 많은 그리스 인들이 살고 있었기 때문이다. 그리스 인들은 그리스 본토의 인구가 증가하자, 기원전 750년경부터 이탈리아 남부로 몰려왔다. 그들은 나폴리, 쿠마이, 시라쿠사이 등에 정착지를 세웠다. 그래서 로마 시대에는 이탈리아 남부 일대가 '대그리스'라고 불렸다. 로마 인들이 중요하게 숭배했던 12신이 원래는 그리스 신들이었다는 사실을 생각해 보면 로마 인들이 그리스 문화의 영향을 얼

---

24) 로마가 에트루리아로부터 배운 것 가운데 건축에 못지않게 중요한 것은 밀집 대형이다. 로마군이 고함을 지르며 벌떼처럼 진격하곤 했던데 반해서 베이이군은 장창과 방패로 무장한 중갑 보병으로 대열을 이루어서 로마군과 맞섰다. 밀집대가 긴밀하게 움직였기 때문에 로마군은 제대로 공격하지 못하였고 번번이 패하였다. 이후 로마 인은 밀집 대형을 연습했고, 베이이 인보다 더 훌륭하게 밀집 대형을 구사하여 베이이군을 물리쳤다.

마나 많이 받았는지 쉽게 알 수 있을 것이다.

원래 로마 인들에게는 신화라고 부를 만한 것이 없었다. 초기 로마 인들은 지역과 가정을 지켜 주는 신들을 믿었는데, 그 신들은 일종의 정령으로 대개 인간의 모습을 하지 않았고 특정한 '기능'을 수행했다. 즉 야누스는 문을, 페나테스는 창고 혹은 찬장을, 케레스는 곡물을, 플로나는 꽃을 관장하는 신이었다. 그러나 그리스 인들로부터 그리스 신들을 받아들인 후에는 그리스의 12신을 중요한 신으로 모셨다. 특히 로마 인들이 가장 신성한 곳으로 생각했던 카피톨리움 언덕에 유피테르(제우스), 유노(헤라), 미네르바(아테나) 세 신을 모셨다. 이는 로마를 상징하는 곳에 그리스 신들을 모신 셈인데, 외래의 것이라고 해도 뛰어난 것이라면 자기의 것으로 삼는 로마 인들의 정신을 잘 보여 준다. 로마는 신화 이외에도 그리스로부터 알파벳, 문학, 철학을 배웠다.

그리스 인 다음으로 로마에 많은 영향을 끼친 사람들은 카르타코 인들이다. 카르타고는 조상 대대로 지중해 교역을 주도하는 상업 국가였지만, 지중해 해안을 따라서 비옥한 평야를 가지고 있었다. 따라서 카르타고 인들은 일찍부터 선진적인 농업 기술을 발달시켰다. 카르타고 인들은 농업을 하나의 과학이라고 생각하고 연구하였으며 그 결과 여러 농업서를 썼다. 그 가운데 가장 유명한 것이 마고(Mago)의 농업서이다. 기원전 146년에 카르타고를 멸망시킨 로마는 카르타고 도서관의 장서 가운데 이 마고의 농업서를 가장 귀하게 여겼고, 로마로 가져가서 라틴 어로 번역했다. 적의 것이라고 해도 배울 것이 있다면 기꺼이 배워야 한다는 로마 인의 정신이 빛나는 대목이다.

로마는 단지 다른 나라를 모방하는 데 그쳤을까?

역사를 연구하는 학자들 가운데 일부는 로마 제국의 업적을 별것 아니라고 치부해 버리곤 한다. 그리스를 연구하는 학자들, 특히 그리스의 철학과 문화를 연구하는 학자들이 그런 경우가 많다. 로마의 철학이나 문화가 그리스 철학과 문학의 수준에 미치지 못하기 때문이다. 그들은 로마가 고작해야 그리스의 사상과 작품들을 모방했을 뿐이라고 주장한다. 로마 인이 그리스의 철학과 문화를 모방한 것은 사실이다.

사실 고대에 이미 로마 인은 모방의 천재로 명성이 높았다. 기원전 2세기 중엽 로마가 그리스를 정복한 이후 그리스의 예술품들이 로마에서 고가로 팔렸다. 로마의 상인들은 대규모로 그리스의 조각품을 사 왔는데, 때로 물건이 달렸기 때문에 모조품을 만들었다. 로마 인들이 어찌나 훌륭하게 모조품을 만들었던지 당시나 현대나 전문가들조차도 그 진위를 가리지 못하는 경우가 많다고 한다.

 우리는 이 점을 높이 평가해야 한다. 자기보다 뛰어난 사람이 있다면 일단 그 사람으로부터 배우고, 그 사람을 모방해야 되지 않겠는가? 자기보다 뛰어나다고 질시하고 배척한다면 그 사람을 어떻게 따라잡을 수 있을 것인가? 뛰어난 사람을 완벽하게 모방한 이후에야 새로운 창조가 가능한 법이다. 물론 로마가 그리스를 모방하는 데 그친 것은 아니다. 로마 인들은 그리스에 미치지 못하지만 독자적으로 수준 있는 문학과 예술을 창조해 냈다.

 그리스의 뛰어난 문화와 사상의 영향을 받은 나라 가운데, 철학 작품이나 문학 작품이라고 부를 만한 작품을 남긴 종족은 로마 인들 밖에 없다. 이집트 인도, 카르타코 인도, 갈리아 인도 후대 사람들이 기억할 만한 작품을 남기지 못하였다. 로마의 숙적이었던 카르타코 인들은 심지어 지배층들로 하여금 그리스 어를 배우지도 못하게 하였다. 그러나 로마는 베르길리우스(Publius Vergilius Maro, B.C.70~B.C.19), 호라티우스(Quintus Horatius Flaccus, B.C.65~B.C.8), 키케로, 타키투스,

카이사르, 세네카, 아우구스티누스를 비롯한 많은 작가를 배출하였다.

　로마가 이런 작가들을 배출할 수 있었던 것은 그리스로부터 배우는 것을 조금도 주저하거나 부끄러워하지 않았기 때문이다. 로마는 젊은이들을 그리스로 유학 보내 그리스의 선진 문물을 배우게 했으며, 많은 그리스의 지식인들을 로마로 불러들였다. 세계의 정복자가 피정복자인 그리스 인들에게 배우는 것을 주저하지 않았다는 것은 본받아야 할 태도이다. 로마 인들이 세계를 정복했다는 만용에 취해서 향락과 방탕으로 세월을 보냈다면 로마 제국은 그토록 위대한 업적을 남기지 못했을 것이다.

　또한 로마 인들은 다른 나라의 제도와 관습을 배우는 데 열심이었을 뿐만 아니라, 조상들의 관습과 정신도 소홀히 하지 않았다. 로마 인들은 새로운 제도나 관습을 받아들이더라도, 조상의 관습이나 제도를 버리는 일이 결코 없었다. 기존의 관습과 제도를 그대로 두고 그 위에 새로운 것을 덧씌우는 지혜를 보였다.

로마 인의 철저함을 보여 주는 도로

이 장에서 우리는 로마 인들이 모방의 천재였다는 것을 살펴보았다. 뛰어난 자가 있다면 배워야 한다. 배운다는 것은 상대를 따라 하는 것에서 시작한다. 그러나 상대방을 그대로 따라 하기만 한다면 그것은 조잡한 모방에 지나지 않는다. 만약 로마가 조잡한 모방자였다면 그들은 결코 위대한 문명을 만들지 못했을 것이다. 로마는 여러 분야에서 모방의 수준을 넘어선 뛰어난 문명을 만들었는데 그중에서도 건축과 도로 건설에서는 세계 최고였다. 로마가 건설한 도로는 5,000킬로미터나 되며 지금도 사용되고 있다. 2,000년 전에 만든 도로를 지금도 사용할 수 있는 것은 로마 인들이 철저한 장인 정신으로 도로를 만들었기 때문이다.

도로를 건설하기 위해서 로마 인들은 정밀하게 측량을 했다. 측량에는 횃불과 그로마라는 측량 도구가 사용되었다. 그로마는 열십자로 두 개의 반듯한 나무를 교차시켜 놓은 것이다. 일직선을 얻기 위해서 측량사는 먼저 도로 건설을 시작할 지점과 마지막 목표 지점, 그리고 중간 중간에 횃불을 피운다. 즉 대략 감으로 일직선이 되게 횃불을 여러 개 피워 놓고 그것이 일직선인지 아닌지를 그로마라는 측량기로 확인하며 교정해 가는 것이다. 이렇게 그로마를 이용해서 도로의 시작 부분과 끝부분을 일직선으로 연결한 다음, 측량도를 작성한다. 물론 험준한 장애물이 있으면 그 장애물을 빗겨 가기 위한 우회 도로를 만들었지만, 되도록 직선로를 만들었다.

측량이 끝나고 나면 본격적인 도로 건설 작업에 들어간다. 로마의 건축학자 비트루비우스는 로마의 도로가 여러 층으로 되어 있다고 전한다. 즉 로마 인들은 잡초를 베어 내고, 그 위에 돌을 깔아서 도로를 만드는 것이 아니라, 1미터 정도 흙을 파낸 다음에 그 안에 차곡차곡 단단한 돌을 쌓아서 도로를 만들었다. 보통 1미터 정도 흙을 파냈지만, 지반

이 연한 곳에는 더욱 단단히 보강 공사를 하였다. 도로의 맨 밑바닥에는 커다란 돌들이 하나의 층을 이루었고, 그 위에는 다시 작은 돌들이 또 한 층을 이루었다. 그 위에 자갈을 한 층 깐다. 큰 돌과 작은 돌, 자갈을 깔고 나면 다시 흙을 깔아서 정지 작업을 한다. 정지 작업이 끝나면 단단한 돌판으로 도로를 포장하였다. 현대의 아스팔트길 못지않게 로마의 포장도로는 단단하고 정교했다.

로마 인들은 석판을 무조건 수평이 되도록 깔지 않았다. 비가 오면 옆으로 잘 배수되도록 약간의 경사를 두었던 것이다. 도로의 중앙을 조금 튀어나오게 하고 옆면을 조금 가라앉게 하는 작업은 고도의 기술이 필요했다. 경사가 너무 완만하면 배수가 잘 되지 않고, 경사가 너무 심하면 마차가 다니기에 불편하기 때문이다. 도로 옆에는 반드시 배수로를 파서 빗물이 쉽게 빠지도록 했다.

이렇게 튼튼하게 길을 닦았을 뿐만 아니라 로마 인들은 도로마다 규칙적으로 경계석을 세웠다. 1,000보(약 1.5미터)마다 이정표, 즉 경계석을 세웠는데, 경계석에는 도로를 만든 로마의 관리나 황제의 이름을 새겼다. 이탈리아에서는 로마를 중심으로 거리를 표시했고, 속주에서는 속주 수도를 중심으로 거리를 표시했다. 경계석들은 대개 1.8미터 길이의 석주들이었다.

5

로마의 지도층은 노블레스 오블리주를 어떻게 실천했을까?

- 지도층은 공과 사를 구별하는 데 어떤 모범을 보였을까?
- 로마의 금 모으기 운동은 어떻게 시작되었을까?
- 부자들이 병역과 납세에 모범을 보인 이유는 무엇일까?
- 로마 귀족은 사회적 약자를 위해 어떤 배려를 했을까?
- 귀족들이 '기부 경쟁'을 벌였다고 하는 이유는 무엇일까?

지도층은 공과 사를 구별하는 데 어떤 모범을 보였을까?

로마의 성공 비결을 알아내기 위해서 세 번째로 만나야 할 사람은 기원전 210년 콘술이었던 라이비누스(Marcus Laevinus)이다. 로마사를 이야기할 때 라이비누스하면 기원전 280년의 콘술이었고, 동방의 유명한 장군이었던 피로스와 싸웠던 푸블리우스 라이비누스(Publius Valerius Laevinus)를 생각하기 쉽다. 그가 헤라클레아에서 피로스와 격전을 벌여 아깝게 패한 일이 유명하기 때문이다.

그러나 우리가 만나야 할 라이비누스는 그 사람의 손자인 마르쿠스 라이비누스이다. 그는 한니발 전쟁이 발발하기 이전인 기원전 221년에도 콘술을 지냈으며, 한니발이 이탈리아를 유린하고 있던 기원전 210년에 다시 콘술이 되어 백척간두에 처한 로마를 구할 임무를 떠맡았다. 그의 이름은 로마사를 다룬 책에서 거의 등장하지 않는다. 그가 뛰어난 전승을 거둔 것이 거의 없기 때문이다. 그러나 그는 기원전 210년 분명 로마를 구했다. 그가 로마를 위해서 한 일은 로마의 원로원 의원들에게 위기에 처한 국가를 구하기 위해서 귀족들이 무엇을 해야 하는가를 일깨워 준 것이다. 그의 연설을 들어 보기 전에 **노블레스 오블리주**(Noblesse Oblige)가 무엇인지 살펴보자.

수레는 앞에서 끌어도 움직이고 뒤에서 밀어도 움직인다. 그러나 앞에서 끄는 자가 방향을 잘못 잡으면 엉뚱한 곳으로 가고 만다. 한 사회에서 지도층은 앞에서 수레를 끄는 사람들이다. 그들은 권력과 재산, 지식과 정보를 가지고 있다. 그들이 희생을 감수하고 나라를 먼저 걱정하고 나라를 위해서 힘쓸 때 그 나라는 흥하고, 나라보다는 자신들의 이익만을 쫓을 때 그 나라는 망한다. 개인의 이득이나 사심을 앞세우지 않고 지도층으로 책무를 다하고 나라를 위해서 봉사하는 정신을 '노블레스 오블리주'라고 한다. 로마의 귀족들은 노블레스 오블리주를 가장 모범적으로 실천했다.

노블레스 오블리주의 첫 번째 덕목은 개인의 사적인 관계나 욕심을 앞세우지 않고 국가를 먼저 생각하는 것이다. 한마

디로 공사를 분명히 하는 것이다. 로마 인들은 일찍부터 이 덕목을 실천해 왔다. 그래서 국가를 '공공의 것(res publica)'이라고 불렀고, 이 단어에서 공화국(republic)이라는 말이 나온 것이다. 로마 인들의 철저한 공공 정신을 모범적으로 보여 주는 이야기가 있다.

기원전 509년 로마 인들은 왕정기의 마지막 왕인 타르퀴니우스 오만왕을 쫓아내고 공화정을 세웠다. 왕을 몰아낸 로마 인들은 왕이 권력을 독점하여 폭정을 일삼는 일이 다시는 일어나지 않도록 하기 위해 콘술 두 명을 선출하였다. 처음으로 콘술이 된 사람은 왕을 몰아내는 데 가장 공을 많이 세운 브루투스와 콜라티누스(Lucius Tarquinius Collatinus, ?~?)였다.

그런데 왕위에서 쫓겨난 타르퀴니우스는 도시 밖에서 잔당을 규합하여 다시 왕위에 복귀하려고 노력하고 있었다. 특히 그는 도시 로마 내에서 지지 세력을 확보하기 위해서 노력하고 있었다. 이때 타르퀴니우스가 보낸 사람들에게 브루투스의 아들들이 매수되는 일이 발생하였다. 타르퀴니우스의 복위를 꾀하는 무리들은 은밀히 모여서 왕을 복위시키기로 맹세하였다. 그런데 이때 빈디키우스(Vindicius)라는 노예가 이들이 맹세 의식을 하는 것을 보고 밀고하였다. 이에 급히 군대가 파견되어 반란에 공모하는 자들을 잡아 왔다.

공화국이 수립된 지 얼마 되지 않은 상황에서 타르퀴니우스가 복위를 꾀하고 있다는 사실에, 그리고 로마 명문가의 자제들이 복위 운동에 가담했다는 소식에 사람들은 침통하여 말을 잇지 못하였다. 그러나 인정에 끌린 몇몇 사람들이 아들들을 어떻게 죽일 수 있느냐며 추방의 형벌을 내리자고 브루투스에게 제안하였다. 그러나 브루투스는 단호하게 대처하였다. 그는 아들들의 이름을 부르며 말하였다. "티투스야 이리 오너라, 티베리우스야 어서 오너라, 진실로 너희들이 반란에 참가하였느냐?" 그가 세 번이나 질문을 반복하였으나, 아들들은 아무런 말을 하지 않았다.

 그러자 브루투스는 릭토르[25]에게 "이 자들을 즉각 처형하라."고 명령하였다. 릭토르들은 즉시 브루투스의 아들들을 사로잡아 그들의 토가(겉옷)를 찢어 버리고, 손을 뒤로 묶은 다음에 채찍으로 그들을 때렸다. 브루투스의 아들들이 고통의 신음 소리를 내고 피를 철철 흘리자 사람들은 모두 고개를 돌렸다.

---

25) 로마 관리들의 수행원으로 콘술은 열두 명, 법무관은 여섯 명의 릭토르를 거느렸다. 릭토르는 로마 본토에서는 파스케스(fasces)라는 막대 다발을 메고 다녔고, 본토 밖에서는 그 막대 다발에 도끼를 꽂아 다녔다. 이는 그들이 모시고 다니던 관리들이 처형 권한을 갖고 있음을 상징한다.

그러나 브루투스 한 사람만은 고개를 돌리지 않고, 자기 면전에서 행해지고 있는 엄한 처벌을 완화시키는 어떤 동정도 허락하지 않았다. 릭토르들이 도끼로 아들들의 목을 자를 때까지 그는 끝까지 쳐다보았다. 다른 사람들이 추방시키자고 하는데도 브루투스는 자기의 아들들이라고 해서 반역자를 살려 줄 수는 없다고 단호하게 사형을 언도했다. 그리고 한 치의 흐트러짐도 없이 사형 집행을 감독하였다. 만약 이때 브루투스가 정에 이끌려 아들들을 살려 주거나, 아들들이 처형당하는 것을 안타까워했다면 어떻게 되었겠는가? 또 다시 반란을 일으키는 자들이 있었을 것이고, 로마 공화정은 표류했을 것이다. 이후 로마 인들은 공화국을 세우고 지켜 낸 브루투스의 업적이 로마를 세운 로물루스의 업적보다 크다고 생각하였다.

로마의 금 모으기 운동은 어떻게 시작되었을까?

노블레스 오블리주의 두 번째 덕목은 모범일 것이다. 사회의 지도층이 먼저 희생하고 모범을 보인다면 시민들은 그들을 존경하고 따라 하기 마련이다. 로마 귀족들의 솔선수범이 빛나는 이야기가 있다. 2차 포에니 전쟁 때의 일이다. 기원전 218년 카르타고의 명장 한니발은 누구도 생각하지 못했던 기발한 전략을 구상했다. 1차 포에니 전쟁에서 진 조국 카르타고의 원한을 갚기 위해서 피레네 산맥과 알프스 산맥을 넘어서 이탈리아를 북쪽에서 치기로 결정한 것이다. 로마 인들은 험준한 알프스를 넘어서 대규모 군대가 쳐들어오리라고는 전혀 예상하지 않았다.

따라서 로마는 동쪽, 서쪽, 남쪽에는 방어선을 쳐 놓았지만 북쪽은 거의 무방비 상태로 놔두었다. 한니발은 로마 인들의 의표를 찌르기 위해서 코끼리를 이끌고 알프스를 넘었던 것이다. 한니발이 북쪽에서 로마를 침략하자 로마는 크게 당황했다. 급히 군대를 조직하여 맞섰으나 계속 패배했고, 특히 칸나이에서는 35,000명의 병사를 잃었다. 그 후 한니발은 이탈리아 북부를 유린하고 이탈리아 남부 일대를 차지하였다.

이렇게 하여 이탈리아 전역이 짓밟히고 전쟁이 시작된 지 8년이나 지난 기원전 210년의 일이다. 당시 로마 인들은 큰 위기감을 느끼고 있었는데, 기원전 211년에 에스파냐 전선에 있던 로마군이 궤멸되었기 때문이다. 또한 오랜 전쟁으로 인해서 로마의 인적, 물적 자원이 심각하게 고갈된 상태였다. 많은 시민들의 농토가 파괴되었고 집이 불탔으며, 시민들이 부리던 노예는 국가가 전쟁에 쓸 목적으로 차출해 가 버렸다. 시민들의 생활은 날로 피폐해졌고 많은 사람들이 도시 로마로 몰려들었기 때문에 식량마저 부족했다.

그러나 한니발을 물리치기 위해서는 더 많은 군대와 물자를 모아야 했다. 콘술들은 수병들에게 지급할 급료와 식량을 납부하라는 포고를 내렸다. 이에 시민들은 돈이 있다면 기꺼이 나라를 위해서 바치겠지만, 없는 것을 어떻게 바치겠냐고 항변하였다. 시민들이 공공연히 광장에 모여서 항의하자 콘술들은 그들을 달래기 위해서 노력했지만 아무런 소용이 없었다. 이때 콘술 라이비누스는 지금과 같은 상황에서 로마의 귀족들이 노블레스 오블리주의 모범을 보여 주지 않는다면 로마는 희망이 없다고 생각하였다. 그는 주저 없이 원로원으로 달려가서 이렇게 연설하였다.

만약 여러분이 여러분 보다 열악한 상황에 있는 시민들에게 의무를 부과하려면 여러분과 여러분의 가족이 먼저 그 의무를 져야 하지 않겠습니까. 그래야만 모든 사람들이 기꺼이 의무를 질 것입니다. 국가의 지도자들이 마땅히 져야 할 것보다 더 많은 짐을 진다면 시민들은 자기들에게 할당된 의무를 부담스러워하지 않을 것입니다. 로마가 함대를 갖추고 무장해야 하며 시민들이 수병들에게 급료와 물자를 제공해야 한다고 생각한다면 우리가 먼저 부담을 집시다. 원로원 의원들이여 우리의 신분을 나타내는 징표인 반지를 제외한 모든 금, 은, 주조한 동전을 모두 내일까지 국가에 바칩시다. …… 국가를 잃는다면 개인들의 재산이 무슨 소용이 있겠습니까?

로마의 역사가인 리비우스(Titus Livius, B.C.59~A.D.17)에 따르면 라이비누스의 연설이 끝나자 원로원 의원들은 크게 감명받아서 대대적인 재산 헌납 운동을 펼쳤다. 모두들 앞다퉈 금과 은을 비롯한 귀금속을 국가에 바쳤다. 이렇게 하여 위기에 처한 로마는 세금을 내라는 포고문 하나 발표하지 않고 해군을 육성할 수 있었다. 이때 원로원 의원들이 자발적으로 재산을 바치지 않았다면 로마는 결코 승리하지 못했을 것이다.

부자들이 병역과 납세에 모범을 보인 이유는 무엇일까?

로마의 귀족들이 나라를 위해서 솔선수범하는 것은 일회적인 것이 아니었다. 그들은 늘 국가를 위해서 먼저 봉사하고 가장 먼저 부담을 졌다. 귀족들이 국가를 위해서 봉사하는 것 중에서 가장 중요한 것이 병역과 세금이다. 로마의 귀족들이 병역과 세금을 어떻게 부담했는가를 살펴보자. 6대 왕인 세르비우스 툴리우스는 로마의 여러 제도를 정비한 것으로 알려져 있다. 그는 특히 로마의 병역 제도와 센서스 제도를 새로 정비하였다.

당시 로마는 그리스의 밀집 대형을 도입하여 전술의 일대 변화를 꾀하고 있었다. 이는 중무장한 병사가 여덟 줄 내지 열두 줄로 진열하는 밀집 대형을 이루어 전투하는 방식이었다. 병사 개개인은 긴 창을 들고, 왼팔에 바짝 밀착시킨 둥근 방패와 투구, 몸통 갑옷, 쇠로 된 정강이받이로 몸을 보호했다. 기원전 7세기 초 리디아에서 개발된 이 방식은 그리스의 스파르타에 전수되어 엄청난 파괴력을 지닌 전술로 입증되었다. 로마는 에트루리아 인들에게서 이 전술을 배워서, 훌륭하게 소화함으로써 로마 군대를 세계 최강으로 만들 수 있었다.

밀집 대형의 병사가 되기 위해서는 많은 돈이 필요했다. 무장에 필요한 병장기를 국가가 갖추어 주는 것이 아니라 개인이 개인의 돈으로 마련해야 했기 때문이다. 즉 국가가 무기를 사 주는 것이 아니라 개인 돈으로 무장하고 국가를 위해서 싸우도록 했다. 로마 인들은 먼저 센서스를 실시하여 시민들의 재산 정도를 파악하고 재산에 따라서 병역을 부과하였다. 가장 부유한 시민들은 기병대로 편재되었고, 그 다음은 재산 정도에 따라서 5등급으로 편재되었다. 5등급의 재산 기준과 무장의 정도는 다음과 같다.

로마 군인의 재산 기준과 무장의 정도

등급	재산 기준(ass)	무장 내용
1등급	100,000	방패, 청동 투구, 흉갑, 정강이받침, 창과 검
2등급	75,000	방패, 청동 투구, 정강이받침, 창과 검
3등급	50,000	방패, 청동 투구, 창과 검
4등급	25,000	방패, 창과 검
5등급	11,000	투창과 투석기

* ass(아스)는 화폐 단위

이 표에서 보듯 재산이 많은 자는 더 많은 무장을 하고 전투에 임해야 했다. 그런데 재산이 11,000아스가 안 되는 사람은 어떻게 될까? 그들은 스스로 무장할 능력이 없으므로 군대에 가지 않아도 된다. 그들은 '프롤레타리아(proletaria)'라고 불렸는데, 이 단어는 '아이를 낳다'에서 유래했다. 로마 인들은 재산이 없는 사람들이 국가를 위해서 하는 일이라곤 아이를 낳는 일밖에 없다고 생각했고, 그래서 그들을 프롤레타리아라고 불렀다.

재산이 없는 사람이 군대에 안 간다면 재산을 탕진해서라도 군대에 가지 않으려는 사람은 없었을까? 그런 사람은 거의 없었는데 고대 세계에서 전쟁에서 진다면 곧 모든 것을 잃는다는 것을 의미했기 때문이다. 적이 쳐들어왔을 때 패배하면 자기의 모든 재산을 잃게 되므로 재산이 많은 사람은 재산을 지키기 위해서 더 열심히 싸웠다. 그리고 고대 전쟁의 주요 목적 가운데 하나는 전리품을 얻는 것이었다. 전쟁에서 이기면 막대한 전리품을 차지할 수 있었는데, 물론 전쟁에 참가한 병사들만이 전리품을 배당받았다. 더욱이 로마는 국가를 위해서 봉사한 만큼 국가에 대한 권리를 주었다. 즉 국가를 위해서 아이 낳는 일밖에 하지 않는 프롤레타리아는 시민으로서 보호를 받기는 했지만 민회에서 투표권을 행사하지 못했다.

이렇게 부자들은 병역의 의무를 전담했을 뿐만 아니라 세금 납부에 있어서도 모범을 보였다. 기원전 406년 로마가 베이이를 포위 공격할 때의 일이다. 베이이 시는 로마 북쪽으로 16킬로미터 정도 떨어져 있었고, 에트루리아 인의 도시였다. 원래 로마의 군대는 시민군으로서 전쟁이 일어나면 징집되었고, 전쟁이 끝나면 바로 해산되었다. 그런데 베이이를 포위 공격하는 데에는 9년이라는 긴 세월이 소모되었다. 이런 상황에서 병사들이 아무런 대가를 받지 않고 계속 복무한다는 것은 어려운 일이었다. 따라서 로마는 병사들에게 봉급을 지급하기로 했다. 그런데 봉급을 지불하기 위해서는 세금을 거두어야 했다.

그러자 호민관들이 시민들에게 세금을 부과하는 것에 반대하였다. 시민들에게 부담을 지워서는 안 된다는 것이 그들의 주장이었다. 세금의 징수가 무산되고, 병사들에게 봉급을 주지 못한다면 전쟁 수행에 큰 타격이 올 수 있었다. 이런 상황에서 로마의 원로원 의원들은 솔선수범함으로써 난국을 타개했다. 자신들이 가장 먼저 세금을 내기로 하고 앞다퉈 수레에 돈을 싣고 와서 나라에 바쳤다. 원로원 의원들이 앞장서자 평민 부자들도 뒤따랐으며 이어 전 시민이 자발적으로 세금을 납부하였다.

이때 평민들이 귀족들의 모범을 기꺼이 따랐던 것은 귀족들이 앞장서서 세금을 납부했을 뿐만 아니라 평민들보다 더 많은 세금을 냈기 때문이다. 원래 전쟁 비용을 마련하기 위한 세금을 징수하는 제도는 세르비우스 툴리우스가 마련했다고 전하는데 그는 세금의 징수에 대해서 이렇게 말했다.

여러분들이 국고에 내는 전쟁세에 대한 부담을 경감할 수 있도록, 모든 시민들이 자기 재산을 평가하여 제출하고 그 평가에 따라 각자 몫을 내도록 명령한다. 왜냐하면 많이 가진 자가 세금을 많이 내고, 적게 가진 자가 적게 내는 것이 공익에 유리하고 정당하기 때문이다.

세르비우스 툴리우스의 말대로 로마 인들은 재산에 따라서 세금을 부과했다. 따라서 재산이 많은 사람은 많은 세금을 냈고 재산이 없는 사람은 세금을 한 푼도 안 냈다. 이렇게 귀족들과 부자들이 나라를 위해서 기꺼이 희생하고 부담을 졌기 때문에 가난한 로마 인들도 기꺼이 조국을 위해서 희생했다.

로마 귀족은 사회적 약자를 위해 어떤 배려를 했을까?

노블레스 오블리주의 세 번째 덕목은 사회적 약자에 대한 배려이다. 로마 지배층의 이런 애국심과 봉사 정신이 일회성에 그친 것은 아니었다. 로마 지배층은 평시에도 사회적 약자를 보호하고, 시민들을 위해서 봉사하며, 국가와 공동체를 위하여 자신의 재산을 기꺼이 내놓은 전통을 가지고 있었다.

로마의 지배층이 사회적 약자를 보호하기 위해서 마련한 제도는 **피호 제도**이다. 전승에 따르면 로마를 건국한 로물루스는 귀족들로 하여금 평민들과 일종의 일대일 결연을 맺도록 하였다. 평민이 어려움에 처했을 때, 경제적으로나 사회적으로 우월한 위치에 있는 귀족들이 평민들을 돕도록 하기 위해서였다. 평민들을 보호할 임무를 맡은 귀족은 보호자가 되었고, 보호를 받는 평민들은 피호민이 되었다. 양자의 관계는 철저하게 신의에 입각했으며, 만약 보호자가 보호 의무를 게을리 했을 때는 피호민이 보호자를 살해해도 죄가 되지 않았다.

평상시에 보호자는 피호민에게 법을 설명해 주고, 계약을 도와주며, 소송이 열리면 변호를 해 주어야 했다. 그리고 피호민이 궁핍한 경우 아침 문안을 왔을 때 식사를 제공해야 했고, 피호민이 어려움에 처했을 때, 즉 기근이나 가뭄 혹은 일시적인 파산 등에 처하게 되면 피호민을 도와야 했다. 반면 피호민은 정기적으로 아침 문안을 가고, 보호자의 신변을 보호해야 했고, 필요한 경우에 보호자 딸의 지참금, 공직 수행 경비, 보호자가 지불해야 할 벌금이나 배상금 등을 제공해야 했다.

그런데 로마의 귀족들은 피호민을 얼마만큼 거느리느냐를

신분과 위세의 중요한 잣대로 생각하였다. 따라서 보호자들은 피호민의 숫자를 늘리고 그들의 충성을 확보하기 위해서 물질적 도움을 주는 사례가 많았다. 보호자들의 도움으로 살아가는 피호민들이 얼마나 많았는지 통계적으로 밝힐 수는 없지만, 어떤 학자는 제정 초 도시 로마 사람 열 명 가운데 다섯 명은 국가의 복지 정책에 의존하여 살았고, 네 명은 나머지 한 명에 해당하는 자에게 의존하였다고 평가하기까지 했다.

그러나 로마의 지배층이 지도자로서 책무와 의무를 충실하게 수행했다는 것을 가장 잘 보여 주는 것은 피호제보다는 공공 기부의 전통이었다. **공공 기부**란 로마의 지배층이 자발적으로 국가나 도시 공동체의 기본 시설의 설립과 운영, 각종 공공 행사의 개최, 시민들의 구제 등을 위해서 기부하는 것을 말한다. 공공 기부의 전통을 이해하기 위해서는 재산에 대한 로마 인들의 태도를 먼저 알아야 한다. 로마 인들은 맹목적으로 부를 축적하는 것을 수치스럽게 여겼다.

가령 키케로는 "재산을 사랑하는 것보다 더 옹색하고 미천한 것은 없으며, 만약 돈이 없다면 돈에 대해서 초연하는 것보다, 그리고 만약 돈이 있다면 공공 기부와 관용을 베푸는 것보다 더 명예롭고 고상한 것은 없을 것이다."라고 말하면서 부에 대한 욕망은 이기적인 사람의 가장 뚜렷하고 명확한 특징이라고 주장하였다. 키케로의 이 말은 로마 지배층 혹은 부자들의 견해를 대변하는 것이었다. 그들은 결코 수전노가 아니었고, 오히려 현대인의 관점에서 본다면 과도하고 낭비적으로 보일 정도로 거대한 액수를 경쟁적으로 기부하곤 했다.

 로마 세계에 사는 거의 모든 도시들에서 지배자들은 신들에게 바치는 제사와 같은 공공 행사를 위해서, 서커스나 검투 경기와 같은 공공의 오락을 위해서, 공공 연회를 베풀기 위해서, 공공건물의 건축과 관리를 위해서, 또는 기근이 들었을 때 시민들을 구제하기 위해서 기꺼이 거액을 공동체에 기부하였다. 그들은 또한 도시 공동체의 관리가 되어서 그들의 개인 재산으로 공공시설을 보수하고 공공의 행사를 주관하였다. 로마의 귀족들은 이렇게 공공 기부를 하는 것을 자신들의 당연한 의무로 여겼다. 실제로 로마 제국의 옛 도시에 있는 신전, 목욕탕, 공공 경기장 등은 거의 대부분이 지배층의 자발적 기부로 건축된 것들이다.

 이런 전통은 로마 제국이 위기를 맞아 쇠퇴하고 있었다고 평가되는 4세기에도 계속되었다. 기원후 200년이 지나면서 로마 제국은 위기를 맞는다. 북쪽에서는 게르만 족이, 동쪽에서는 페르시아가 쳐들어왔기 때문이다. 특히 게르만 족의 남하는 줄기차고 거센 것이었다. 그들은 심지어 이탈리아까지 수차례 쳐들어왔다. 이렇게 전쟁이 계속되면서 농토가 피폐해지고 교역이 축소되면서 모든 사람들의 살림살이가 어려워졌다. 그러나 로마의 귀족들은 공동체를 위해서 기부하는 전통을 멈추지 않았다. 우리는 이 사실을 4세기 말 로마의 대표적인 지식인이었던 심마쿠스(Quintus Aurelius Symmachus, 345~402)의 말에서 확인할 수 있다. 그는 귀족들에 대해서 "그들은 도시를 장식하기 위해서 경쟁적으로 자신의 가산을 소모하였다."고 말했다.

이렇듯 로마 인들은 다른 사람에게 무언가를 주는 것이 바람직한 것이고, 공공 기부는 도덕적으로 선한 것이라는 관념을 갖고 있었다. 그들은 동료의 어려움을 모르는 체하지 않았고, 시민들을 돕고 공동체를 발전시키기 위해서 기꺼이 봉사하고, 재산을 내놓았다.

귀족들이 '기부 경쟁'을 벌였다고 하는 이유는 무엇일까?

마지막으로 2세기의 대표적인 지식인이자 귀족이었던 연소 플리니우스(Gaius Plinius Caecilius Secundus, 61~112)[26]의 기부 내용을 살펴보자. 연소 플리니우스는 삼촌으로부터 1년에 40만 세스테르티우스의 수입을 얻을 수 있는 농장을 물려받았다.

그는 공직자의 자세에 대해서 "다른 사람을 모욕함으로써 권력의 힘을 시험하는 것 그리고 오직 공포를 조장함으로써 복종시키려는 것은 치졸한 일이다. 두려움보다는 애정이 훨씬 더 힘이 크다."라고 말했다. 전형적인 로마의 귀족답게 그는 평생 많은 기부를 했는데 대표적인 것 몇 가지만 지적하면 다음과 같다.

먼저 자신의 늙은 유모에게 10만 세스테르티우스를 주었다. 당시 성인 노동자의 일당이 4세스테르티우스였으므로 무려 25,000일에 해당하는 일당을 준 것이다. 친구이자 자신의 피호민인 자에게는 30만 세스테르티우스를 주었다. 이 친구가 특별히 가난했기 때문이 아니라 좀 더 성공하기를 바랐고, 그의 출세를 후원하기 위해서 돈을 주었던 것이다. 그는 또한 생전에 고향 마을을 위해서 200만 세스테르티우스를 기부해

---

[26] 『자연사』를 쓴 플리니우스(Gaius Plinius Secundas, 23~79)의 조카이다. 두 사람을 구변하기 위해 시대가 뒤진 사람 이름 앞에 연소(年小)를 붙인다.

서, 도서관을 짓고, 학교를 세우며, 자선 단체를 만들도록 했다. 또한 임종의 침상에서 유언으로 코모에 공중목욕탕을 세우도록 했으며, 시민들이 매년 축제를 여는 데 필요한 기금을 마련하도록 했다.

연소 플리니우스는 현재 돈으로 환산한다면 몇 십 억 이상 되는 돈을 조금도 망설이지 않고 기부했다. 그런데 연소 플리니우스가 결코 예외적인 사람, 특별히 인정이 많은 사람이었던 것은 아니다. 그에 못지않은 기부를 한 사람들이 로마에는 수없이 많았다. 이 때문에 현대 학자들은 로마의 귀족들이 '기부 경쟁'을 벌였다고 평가할 정도이다. 이렇게 지배층이 자신의 의무를 다하고, 성실하게 공직을 수행하며, 무엇보다 자신의 재산을 곤란에 처한 시민들과 국가를 위해서 기꺼이 바쳤기 때문에 로마가 세계 최대 강대국이 될 수 있었던 것이다.

철학자 황제 마르쿠스 아우렐리우스

오현제 시대의 마지막 황제인 마르쿠스 아우렐리우스는 스토아 철학자로 유명하다. 그는 황제가 된 이후에도 독서와 명상을 계속했고, 『명상록』이라는 뛰어난 작품을 남겼다. 20년에 이르는 그의 통치기는 이른바 팍스 로마나 시기의 끝 무렵이었다. 이제 안정과 번영이 끝나고 혼란과 쇠퇴의 시기가 다가오고 있었다. 제국을 위협했던 것은 그 무엇보다도 외적의 침입이었다. 북쪽에서는 게르만 족이, 동쪽에서는 파르티아가 로마 제국을 압박해 왔기 때문에 그는 재위 기간 내내 전쟁을 치러야 했다.

그런데 전쟁을 치르기 위해서는 막대한 비용이 들어갔다. 좋은 무기를 구입해야 했고, 평상시보다 많은 군인을 먹이고 입혀야 했기 때문이다. 따라서 전쟁이 발생하면 지배자들은 어떻게든 많은 돈을 마련해야 했다. 마르쿠스 아우렐리우스는 한동안 세금을 올리거나 다른 비상 수단을 쓰지 않고 전쟁을 수행할 수 있었다. 전임 황제인 안토니누스 피우스가 막대한 예비고를 남겨 놓았기 때문이다. 그러나 몇 년간 전쟁이 계속되자 국고가 바닥나 버렸다. 이에 마르쿠스 아우렐리우스는 국가가 위기에 처한 순간에 개인적인 재산이나 안락함은 아무런 가치가 없으며, 누구보다도 황제가 먼저 모범을 보여야 한다고 생각했다. 따라서 그는 황제 가문이 갖고 있는 온갖 보석류는 물론 가구와 옷까지 모두 팔도록 명령했다. 얼마나 많은 물건을 팔았던지 판매가 두 달간이나 지속되었다. 이렇게 황제가 먼저 모범을 보였기 때문에 로마는 끝내 게르만 족의 침입을 막아 내고 중흥을 이룰 수 있었다.

6

정치는 로마의 성공에 어떻게 기여했을까?

- 외국의 지식인들이 로마에서 활동하게 된 이유는 무엇일까?
- 그리스의 장군인 폴리비우스는 왜 로마사를 썼을까?
- 아리스토텔레스의 정체 순환론이란 무엇일까?
- 로마가 완벽한 정체를 가졌다고 하는 이유는 무엇일까?

> 그리스 인은 지성에서, 유대 인은 종교에서, 로마 인은 정치에서 인류 발전에 위대한 업적을 남겼다.
>
> — 르낭(Joseph Ernest Renan, 1823~1892)

외국의 지식인들이 로마에서 활동하게 된 이유는 무엇일까?

19세기 프랑스의 저명한 철학자이자 역사가이자 종교학자였던 르낭(Joseph Ernest Renan, 1823~1892)은 "그리스 인은 지성에서, 유대 인은 종교에서, 로마 인은 정치에서 인류 발전에 위대한 업적을 남겼다."고 말했다. 그가 로마의 정치를 이렇게 높이 평가한 것에 대해서 의아하게 생각하는 사람도 있을 것이다. 보통 로마하면 칼로 세계를 정복한 국가, 즉 상무적인 국가라고 생각하기 쉽기 때문이다.

이 장에서는 이런 통념과 달리 로마가 '정치의 천재'라고 불릴 정도로 정치에 뛰어난 재주를 발휘했으며 그리고 그것이 로마를 강대국으로 만든 주요 요인 가운데 하나였다는 것을 살펴볼 것이다.

정치하면 먼 별나라 이야기라고 생각하는 사람들이 많다. 사실 정치가들이 정치를 잘하기만 한다면 정치와 일상생활과는 별 연관이 없을 수 있다. 그러나 정치가들에게 워낙 막강한 권력이 주어지는지라, 정치가들은 늘 권력 다툼을 하게 된다. 정치가들이 나라와 국민을 망각한 채 권력 다툼에 매달리게 되면 그 나라는 반드시 망하게 되어 있다.

그런데 로마 시대에 이미 정치가 잘 되어야 나라가 잘 된다는 것을 깨닫고, 로마의 성공 비결은 로마의 훌륭한 정치 체제 때문이라는 답을 내린 사람이 있었다. 그 사람이 바로 우리가 네 번째 만나야 할 사람인 역사가인 폴리비우스이다. 폴리비우스는 참으로 기막힌 인생을 살았다. 그는 원래 아카이아 동맹의 지도자였다.

아카이아 동맹은 기원전 280년 펠로폰네소스 반도의 북부 아카이아 지역 도시들이 맺은 동맹이었다. 이 동맹은 원래 로마에 적대적이었다. 기원전 215년에서 205년까지 마케도니아의 필리포스 5세(Philiphos V, B.C.238~B.C.179)는 카르타고의 한니발을 도와서 로마와 싸웠다.(1차 마케도니아 전쟁) 이때 아카이아 동맹은 마케도니아 편에 서서 전쟁에 참가하였다. 그러나 기원전 200년에 로마와 마케도니아와의 전쟁이 재개되었을 때(2차 마케도니아 전쟁), 아카이아 동맹은 로마를 도와서 마케도니아의 영향력 확대를 막으려고 했다. 이 전쟁에서 로마가 승리함으로써 그리스 여러 도시들에 대한 마케도니아의 지배력은 끝났고, 아카이아 동맹은 로마의 동맹국으로 특별 대우를 받았다.

그러나 아카이아 동맹 내에서는 친로마파와 친마케도니아파가 나뉘어 치열한 내분이 일어났다. 기원전 182년에 아카이아 동맹의 장군이 된 폴리비우스의 아버지 리코르타스(Lycortas, ?~?)와 폴리비우스는 중립적인 태도를 취하였다. 그들은 마케도니아는 더 이상 지배력을 확대할 만큼 힘이 없고, 로마가 그리스 인을 지배하는 것을 마뜩잖게 여겼다. 기원전 171년부터 3년간 진행된 마케도니아 전쟁에서 아카이아 동맹은 어느 쪽에도 참가하지 않았으며 모호한 태도를 취했다. 사실 아카이아 동맹은 폴리비우스를 로마군에 보내서 군사 지원을 하겠다고 제안했으나, 로마군은 전세가 유리한데다가 아카이아 동맹이 적극적인 태도를 취하지 않은 것을 못마땅하게 생각했기 때문에 거절하였다.

기원전 167년 마케도니아 왕국을 완전히 멸망시킨 로마는 전쟁에서 로마를 돕지 않았다는 이유로 아카이아 인 1,000명을 인질로 끌어갔고, 폴리비우스도 거기에 포함되었다. 결국 폴리비우스는 전쟁에서 진 전리품으로 로마에 끌려왔다. 그러나 로마 인들은 사람의 재능을 소중히 여기는 풍토를 가지고 있었기 때문에, 그리스 인 포로 가운데서 능력 있고 학식 있는 자는 특별히 우대하였다. 마케도니아를 멸망시키고 폴리비우스를 로마로 끌고 왔던 파울루스 장군(Lucius Aemilius Paullus Macedonicus, B.C.229~B.C.160)은 폴리비우스의 재능을 알아보고 자기 아들들, 즉 파비우스(Quintus Fabius Maximus Aemilianus, B.C.275~B.C.203)와 스키피오(Publius Cornelius Scipio Africanus Aemilianus, B.C.185~B.C.129)의 교사로 삼았다.

교사와 학생으로 만난 폴리비우스와 스키피오는 나이가 약 스무 살 차이가 났지만, 둘은 나이 차이를 극복하고 깊은 신뢰와 우정을 쌓았다. 로마로 끌려온 아카이아 인들이 속주 도시들로 보내지게 되었을 때, 스키피오는 법무관에게 간청하여 폴리비우스를 로마에 남도록 했다. 그리고 스키피오는 자마 전투에서 한니발을 격파한 스키피오 아프리카누스(Publius Cornelius Scipio Africanus, B.C.235~B.C.183)의 양손자가 되었고, 로마에서 가장 막강한 영향력을 행사하는 사람이 되었다.

로마의 최고 권력자로서 스키피오는 스키피오 서클을 조직하여 학문을 연구하고 영향력을 유지하였다. 스키피오 서클의 멤버로는 콘술을 지낸 라일리우스(Gaius Laelius, ?~?), 역시 콘술을 지낸 필루스(Furius Philus, ?~?), 희곡작가 테렌티우스(Publius Terentius Afer, ?B.C.195~B.C.159), 풍자가 루킬리우스(Lucilius, B.C.180~B.C.102), 스토아 철학자 파나이티우스(Panaetius, B.C.185~B.C.110) 등등이 이었다.

그런데 여기서 잠깐 짚고 넘어갈 것이 있다. 테렌티우스는 카르타고 태생으로 로마로 끌려온 노예였고, 파나이티우스는 로도스 섬 출신의 그리스 철학가였다. 이들의 사례만 보아도 당시 로마에는 외국 출신 지식인들이 대거 활동하고 있었다는 것을 알 수 있다. 이들은 스키피오를 비롯한 로마 귀족들의 지원을 받으면서 연구하였다. 이렇게 로마는 출신을 따지지 않고 외국인이든, 노예로 끌려온 자이든 능력만 있다면 적극적으로 후원했다. 하여튼 폴리비우스는 스키피오 덕분에 로마의 최고 지도자 및 지식인들과 교류하고, 학문을 연구했으며, 로마의 정치와 사회를 심도 있게 분석할 수 있었다.

그리스의 장군인 폴리비우스는 왜 로마사를 썼을까?

스키피오의 친구이자 스승이 된 폴리비우스는 로마의 최고 정치인 및 지식인과 교류했을 뿐만 아니라 이탈리아를 여행했고, 스키피오의 대외 원정에도 참가하였다. 스키피오와 함께 에스파냐에 갔다가 돌아오는 길에는 2차 포에니 전쟁 때 한니발의 원정로를 추적해 보기도 했다. 특히 기원전 149년에는 카르타고와의 3차 전쟁에 총사령관으로 출정한 스키피오를 따라가서 카르타고가 멸망하는 장면을 직접 목격하였다.

신흥 강국 로마가 지중해의 전통적인 강호들을 물리치고 세계를 정복해 가는 과정을 직접 지켜본 폴리비우스는 로마가 역사상 가장 뛰어난 제국이라는 확신을 갖게 되었다. 역사상 로마에 비견될 수 있는 제국은 페르시아, 스파르타, 마케도니아가 있다. 그러나 세 제국은 로마에 미치지 못한다. 페르시아는 거대한 제국으로 넓은 제국을 상당히 긴 기간 차지하고 있었다. 그러나 그들은 아시아의 한계를 넘지 못했으며, 아시아 밖으로 진출하려고 시도할 때마다 제국 자체가 위험에 빠졌다. 스파르타 인들은 오랫동안 그리스의 패권을 자치하기 위해서 싸웠지만, 패권을 차지한 다음에는 불과 12년밖

에 유지하지 못했다.[27)]

　마케도니아 인들은 아드리아 해에서 다뉴브에 걸친 넓은 영토를 차지했지만, 유럽 전체를 차지한 것은 아니다. 그들이 페르시아 제국을 멸망시킨 다음에는 아시아를 차지하기는 했지만, 여전히 많은 종족과 지역을 정복하지 못했다. 그들은 시실리, 사르디니아, 리비아(북아프리카)를 정복하지 못했으며, 유럽 서쪽의 호전적인 부족들을 정복하지도 못했다. 그러나 로마는 당시 사람들이 살고 있는 지역 거의 모든 곳을 정복했다. 로마는 그 이전 어떤 제국보다도, 그리고 미래에 있을 어떤 제국과도 비교할 수 없는 제국을 이룩하였다.

　그리고 폴리비우스는 로마의 세계 정복이 세계사의 흐름을 근본적으로 바꿔 놓은 중요한 사건이라고 생각했다. 그때까지 사람들은 출신과 지역에 따라서 흩어져 살았고, 때때로 교역을 했을 뿐이었다. 그러나 로마가 세계를 정복하면서 세계는 하나가 되었다. 이제 이탈리아에서 벌어지는 일, 북아프리카에서 벌어지는 일이 그곳에 멈추지 않고 아시아와 그리스에까지 영향을 끼치게 되었다. 아시아의 상품과 관습이 그리

---

27) 기원전 404년부터 기원전 393년까지를 말한다. 기원전 393년에 이미 스파르타의 패권은 위협받고 있었다. 기원전 394년 페르시아 함대와 싸워서 대패함으로써 에게 해 제해권을 상실했기 때문이다.

스에 전파되었으며, 그리스의 사상과 문화가 아시아까지 퍼질 수 있게 되었다. 이렇게 로마가 세계를 정복하면서 세계는 이제 보편 제국이 되었다.

로마 제국이 역사상 가장 위대한 제국이라는 확신을 가지게 된 폴리비우스는 로마는 어떻게 이러한 업적을 이룩할 수 있었는가라는 의문을 갖게 되었다. 때문에 "어지간히 어리석고 게으른 자가 아니라면 왜 로마 제국이 세계를 정복했는가를 알고 싶지 않은 사람을 없을 것이다."라고 말했던 것이다. 폴리비우스가 이렇게 말할 수 있었던 것은 자신이 게으르지 않았기 때문이다. 그는 스키피오와 교류하면서 로마사에 대한 자료를 수집했으며, 로마가 지배한 지역 각지를 돌아다니면서 답사를 하였다. 그렇게 치열하게 노력한 후에 마흔 권으로 구성된 『역사』를 집필하였다. 로마사에 대해 그가 던진 질문을 직접 들어 보자.

> 내가 로마의 정치 체제를 논하기 위해서 이야기의 주제를 바꾸는 것에 당황해하는 독자들도 있을 것이다. 그러나 나는 이미 여러 번 로마의 정치를 다루는 일은 내가 반드시 수행해야 할 필수적인 일임을 명백히 밝혔다. 특히 이 책의 범위를 설명하는 서문에서 이 사실을 명확히 지적했다. 내 책의 가장

중요한 목적은 어떤 방식으로, 어떤 정치 체제를 취했기에 로마가 53년이라는 짧은 시간에 세계의 거의 전부를 정복했는가를 밝히는 것이다.

여기서 폴리비우스가 53년이라고 한 것이 정확하게 언제부터 언제까지인지는 명확하지 않다. 아마 2차 포에니 전쟁 때부터 3차 포에니 전쟁 때까지일 것이다. 이 기간에 로마는 카르타고, 마케도니아, 아시아의 여러 나라를 꺾고 지중해 세계의 패자(覇者)가 되었다. 그리스 인 폴리비우스가 로마에 와서 로마를 관찰하고는 로마가 왜 세계를 정복할 수 있었는가라는 질문을 던졌다. 그리고 로마의 정치 체제가 뛰어나기 때문이라고 대답했다. 과연 로마의 정치 체제는 뛰어났을까?

아리스토텔레스의 정체 순환론이란 무엇일까?

폴리비우스는 그의 저서 『역사』 6권에서 로마의 정치 체제를 세밀하게 분석하였다. 그는 먼저 한 국가가 어떤 정체(政體)를 취하느냐가 그 나라의 성공과 실패를 좌우하는 중요한 요소라고 주장하였다. 국가의 모든 선택과 계획이 정부 형태에서 결정되기 때문이다. 폴리비우스의 로마 정체에 대한 설명을 이해하기 위해서는 먼저 정체 순환론을 알아야 한다.

일찍이 아리스토텔레스는 『정치학』에서 일곱 가지 정체를 제시하였다. 일 인이 다스리는 정체로서 이상적인 정체는 왕정이고, 왕정이 타락 변질되면 참주정이 된다. 소수가 다스리는 이상적인 정체는 귀족정이고, 귀족정이 타락 변질되면 과두정이 된다. 다수가 다스리는 정체로서 이상적인 것은 민주정이고, 민주정이 타락 변질되면 중우정이 된다. 그리고 이 모든 정체의 출발점이 되는 것이 원시 군주정이다.

그런데 폴리비우스의 설명에 따르면 한 국가는 이 일곱 개 정체 가운데 하나만을 취하는 것이 아니라 정치적 혼란을 겪으면서 일곱 개 정체를 차례로 겪게 된다. 이를 **정체 순환론**이라고 부르는데 그 순서는 다음과 같다. 자연 상태에서 인간은 짐승들처럼 무질서하고 혼란스럽게 산다. 제일 강하고 용기 있는 자가 등장해서 혼란과 약탈을 잠재우고 원시 군주가 된다. 그 후 가족이 발달하고, 부모들은 자식들이 효도하고 성실하게 살기를 기대한다. 그런 과정에서 선과 정의, 의무의 관념이 생겨난다. 이성과 정의의 개념이 생겨나면 원시 군주는 왕에게 자리를 양보한다.

그러나 사치와 특권 속에서 자라난 왕의 후손들이 자만감과 우월감에 빠져서 인민을 무시하고 참주가 된다. 그러면 용기 있는 귀족들이 참주를 몰아내고 귀족정을 세운다. 다시 세월이 지나면 귀족의 자제들이 사치와 오만에 빠지게 되고 인민들의 권리와 이익을 무시하는 과두제에 빠진다. 그러면 인민들이 그들의 폭정을 못 견디고 봉기하여 민주정을 세운다. 그러나 세월이 지나면 인민들도 자유와 평등의 가치를 잊어버리고 부패하고 방종하게 된다. 특히 인민들을 선동하는 선동 정치가가 등장하여 국가의 이득과 앞날을 생각하지 않고 무분별한 정책을 추진한다. 이렇게 되면 민주정은 중우정이 되어 버리고, 그러면 혼란과 부패, 타락, 약탈이 만연하게 되어, 사회가 다시 야만 상태로 빠지게 된다. 이 야만 상태에서는 힘 있는 자가 지배하게 되어 원시 군주정이 다시 수립된다.

이렇게 각 국가의 정치 체제가 끊임없이 순환하는 것을 정체 순환론이라고 부른다. 각국의 정체가 순환한다는 것은 정치적 혼란이 계속되고 내부의 단결이 이루어지지 않는다는 것을 의미한다. 이런 상황에서는 한 나라의 역량이 최대한으로 결집될 수 없고, 간혹 위대한 발전을 이룩해 낸다고 해도 그 발전을 오래 지속시킬 수 없다.

로마가 완벽한 정체를 가졌다고 하는 이유는 무엇일까?

폴리비우스는 다른 나라들은 끊임없이 정체 순환을 겪으면서 국력을 낭비하고 있지만, 로마는 정체 순환의 고리를 벗어났다고 생각했다. 로마는 아리스토텔레스가 이상적인 정체라고 한 왕정, 귀족정, 민주정 세 정체를 혼합한 혼합 정체를 취하고 있었기 때문이다.

로마 공화정에서 세 권력 주체는 콘술, 원로원, 민회이다. 콘술들만을 본다면 로마는 왕정을 취하고 있는 것으로 보인다. 콘술들은 국정의 최고 책임자로서 행정을 총괄 지휘하고, 전쟁이 일어났을 때는 군대를 지휘한다. 호민관을 제외한 모든 관리를 통솔하고, 긴급한 사항을 원로원의 토의에 붙일 수 있으며, 민회를 소집하여 정책이나 법안을 제출할 수 있다. 군대를 이끌 때에는 불복종하는 시민을 죽일 수도 있다.

한편 원로원만을 보면 로마는 귀족정의 형태를 하고 있다. 일단 원로원은 콘술을 비롯한 전직 고위 관리들로 구성된다. 로마의 가장 명망 있고 세력 있는 가문들을 대표하는 원로원 의원들은 국가의 정책 결정에 중요한 영향력을 행사한다. 그리고 원로원은 국고를 관장하고 모든 세입과 세출을 규제한다. 반역, 독살, 암살과 같이 중요한 범죄에 대해서 조사하고 재판한다. 외국에 사절을 파견하고, 외국의 사절을 접견하는 일도 원로원의 일이다. 따라서 처음 로마를 방문하는 사람이 콘술을 보지 않는다면 로마는 귀족정의 형태를 취하고 있다고 생각하게 된다.

마지막으로 인민의 권리를 살펴본다면 로마는 민주정의 형태를 띤 것처럼 보인다. 인민들의 모임인 민회가 모든 관리를 선출하고, 모든 법을 제정하며, 평화냐 전쟁이냐와 같은 국가 중대사를 결정할 뿐만 아니라 동맹 체결, 적대 관계의 종식과 같은 문제들에 대해 최종적으로 비준하거나 거부할 수 있기 때문이다.

이렇게 로마는 세 권력 주체가 권력을 나누어 가지고 있을 뿐만 아니라 서로를 견제할 수 있다. 먼저 콘술은 절대권을 행사하는 것처럼 보이지만 원로원과 인민들의 도움이 없이는 아무것도 할 수 없다. 원로원이 승인해 주지 않는다면 곡물과 군대의 봉급을 군대로 가져갈 수 없고, 민회가 반대하면 전쟁을 선포하거나 수행할 수 없다. 또한 콘술이나 관리들이 책무를 게을리하거나 인민의 권리를 침해하면 민회에 고소당할 수 있고, 평민의 이익을 대변하는 관리인 호민관의 제재를 받게 된다.

또한 원로원도 막강한 권력을 가진 것 같지만 원로원이 선언한 것에 대해서 민회가 동의해 주지 않는다면 아무것도 할 수 없다. 그들도 민회가 만든 법을 따라야 하며 민회는 필요하다고 생각될 경우 원로원 의원들에게 부여된 영예와 권리를 축소할 수 있으며 심지어 원로원 의원의 재산을 몰수할 수도 있다. 또한 원로원이 인민의 이득에 반하는 결정을 내릴 경우 호민관이 거부권을 행사할 수 있다.

인민들은 또한 국가에 대한 최종적인 권한을 가지고 있기는 하지만 콘술의 명령을 수행해야 하며 원로원의 지도를 받아야 한다. 인민들이 콘술의 명령을 거부했다가는 현장에서 사형을 당할 수도 있다. 원로원은 로마 국가가 주도하는 모든 공공사업의 주도권을 가지고 있으며 사적인 계약에도 관여할 수 있다. 따라서 원로원의 심기를 불편하게 했다가는 큰 손해를 당하게 된다. 더욱이 사적인 일이든 공적인 일이든 중요한 범죄에 대한 재판에서 원로원 의원들이 중요한 역할을 하기 때문에 인민들은 원로원을 무시할 수 없다.

이렇게 로마의 세 권력 주체는 서로를 견제하면서 동시에 서로를 돕고 있다. 따라서 어느 누구도 로마의 정치를 마음대로 주무를 수 없으며, 모든 일이 견제와 균형 속에서 이루어진다. 로마의 이런 정체를 세 가지 좋은 정체를 혼합했다고 해서 혼합 정체라고 부른다. 혼합 정체를 취하고 있는 로마는 정체 순환의 고리를 겪지 않으며, 내부의 단결을 완벽하게 이루어 내고 역량을 최대한으로 결집시켜 다른 어떤 나라보다도 위대한 업적을 남길 수 있었다.

이상에서 아카이아 동맹의 장군으로서 로마에 저항했던 폴리비우스가 로마에 끌려온 뒤 로마의 성공에 깊은 감명을 받고 로마의 성공 비결을 탐구하기로 결심했다는 것, 그리고 로마의 성공 비결은 정치 체제가 훌륭하기 때문이라는 답을 제시했다는 것을 살펴보았다. 한때 그리스의 지도자였던 그가 로마에 와서 로마의 성공 비결을 탐구했다는 것은 참으로 아이러니한 일이다.

로마가 역사상 가장 위대한 제국이 된 데에는 여러 가지 원인이 있을 것이다. 폴리비우스는 로마가 훌륭한 정체 때문에 강대국이 되었다고 지적했다.

그러나 폴리비우스가 정치를 가장 중요한 요소로 생각했던 것은 사실이지만, 로마의 성공을 오로지 훌륭한 정치 하나 때문이라고 생각하지는 않았다. 그는 로마의 위대한 군사력과 깊은 종교심이 로마를 발전시킨 중요한 요인이었다고 지적했다. 그리고 로마 인들의 인간적인 성품, 즉 인내와 적응력, 침착성 또한 중요한 요소로 꼽았다. 폴리비우스에 따르면 집요

함, 참을성, 적응력 면에서 로마 인은 카르타코 인보다 뛰어났으며, 침착함에서 격정적이고 비합리적인 갈리아 인보다 뛰어났다.

그런데 자신의 모국이자, 고대 세계에서 가장 발달된 문화를 가지고 있었고, 민주주의를 발달시켰던 그리스에 대한 폴리비우스의 평가는 어땠을까? 그는 지성과 교육에 있어서 그리스 인이 로마 인보다 훨씬 뛰어나다고 생각했다. 그러나 역경이 닥쳤을 때 그리스 인들은 뛰어난 지성으로 논쟁을 하고 분열되어 버린다고 지적했다. 반면에 로마 인들은 그리스 인보다 지성은 못하지만 절제와 성실, 용기와 규율 면에서 뛰어났다. 이런 덕목 때문에 로마 인들은 위기가 닥쳤을 때 단결할 줄 안다고 평가했다.

민주주의를 최우선 가치로 생각하는 현대인들에게는 자신의 모국인 그리스보다 로마를 더 높이 평가했던 폴리비우스의 주장이 다소 거북하게 느껴질 수도 있을 것이다. 그러나 이는 어디까지나 선택의 문제이다. 평등과 민주적인 절차를 중요하게 생각할 수도 있고 사회적 효율성을 더 중요하게 생각할 수도 있다. 그리고 고대인이었던 폴리비우스에게 현대의 관념이나 가치를 요구하는 것은 어디까지나 무리한 일이다.

로마 인들은 수많은 전투에서 신분이 높은 자들이 당연히 용감히 싸워야 한다고 생각했다. 또한 용감히 싸웠다면 설령 패배한다고 해도 부끄럽게 여기지 않았으며 패배한 장수를 심하게 문책하지도 않았다. 따라서 패배한 장수의 임무는 자살하거나 문책을 두려워하여 도망가는 것이 아니라 남아 있는 병사들을 수습하고 다음 전투를 준비하는 것이었다. 기원전 216년 8월에 있었던 칸나이 전투의 뒤처리는 로마 인들의 이런 성향을 잘 보여 준다. 이 전투에서 로마는 약 9만 명을 병사로 5만 명밖에 되지 않는 한니발군에 대패하였다. 명장 한니발의 지도력과 한니발군의 전투력을 과소평가한 결과였다. 7만여 명의 병사가 전사했기 때문에 국가가 존망의 위기에 빠지게 되었다. 그러나 로마 인들은 결코 동요하지 않았다. 오히려 그 전투에서 지난해 콘술이었던 세르빌리우스, 그해 콘술 아이밀리우스 등의 수많은 지도자들이 용감히 싸우다 전사했다는 것을 안타까워했다. 그리고 이 전투의 총사령관이었던 바로가 패잔병들을 이끌고 로마로 귀환했을 때, 모든 시민들이 로마 성문까지 가서 그의 노고를 위로하고, 그가 '나라를 끝까지 포기하지 않은 것'에 대해서 감사했다. 귀족들로 구성된 원로원도 그가 평민 출신이었음에도 불구하고 그를 따뜻하게 맞아 주었다. 이렇게 로마는 무능한 장군들을 십자가형에 처했던 카르타고와는 정말 다른 태도를 취했고(1차 포에니 전쟁 당시 밀라에 전투에서 패한 카르타고의 제독은 십자가형에 처해졌다.), 그 때문에 승리할 수 있었던 것이다.

7

종교는 로마의 성공에 어떻게 기여했을까?

- 로마의 대문호 키케로는 어떤 사람일까?
- 키케로가 제시한 로마의 성공 비결은 무엇일까?
- 신앙심과 로마의 세계 정복 사이에는 어떤 관계가 있을까?
- 로마 제국이 만신전을 세운 까닭은 무엇일까?
- 로마 인들의 신앙심이 각별했던 이유는 무엇일까?
- 칼이 아니라 법으로 세계를 지배했다는 말의 의미는 무엇일까?

> 다른 모든 점에서 로마 인은 다른 종족보다 같거나 못하지만, 종교에서는, 즉 신들을 숭배하는 데 있어서는 훨씬 뛰어나다.
>
> — 키케로

로마의 대문호 키케로는 어떤 사람일까?

로마가 어떻게 강대국이 되었는가를 알기 위해서 우리가 마지막으로 만나야 할 사람은 키케로이다. 대개 정치사를 중심으로 역사를 가르치기 때문에 보통 사람들에게 키케로는 다소 낯선 사람이다. 그러나 로마를 알고자 하는 사람이라면 반드시 키케로를 알아야 한다. 그는 로마 공화정 말기의 유명한 정치가, 학자, 사상가였다. 그는 아르피눔이라는 작은 시골 마을의 한미한 집안에서 태어났다. 물론 그렇다고 키케로의 집이 가난했다거나 비천했다는 것은 아니다. 아버지 툴리우스는 이재에 밝았던 사업가였으며, 키케로의 친척 가운데는 고관들도 꽤 있었다. 키케로의 이모부였던 아쿨레오(Gaius Visellius Aculeo)와 삼촌이었던 루키우스 키케로(Lucius Cicero)

가 그런 인물이었다. 그럼에도 불구하고 로마 귀족들의 눈에 키케로는 비천한 사람에 불과했고, 그의 아버지는 귀족의 반열에도 오르지 못한 사람이었다. 후에 키케로가 출세하여 원로원을 주도하는 정치가가 되었을 때도 반대파 정치인들은 "당신의 아버지가 누구요?"라고 빈정거리면서 키케로가 한미한 가문 출신임을 강조하였다.

그러나 키케로는 그 누구도 해내지 못한 위대한 업적을 후대에 남겼다. 그는 많은 수준 높은 작품들을 써 라틴 문학의 황금기를 이끌었다. 키케로 당시까지만 해도 그리스 어가 국제 공용어였고, 로마 인들조차 라틴 어가 아니라 그리스 어를 품격 있는 언어, 학문 세계의 언어로 생각하였다. 키케로는 어린 시절 이 사실을 뼈저리게 체험했다. 그는 마르쿠스 티티니우스(Marcus Titius, ?~?)에게 보내는 서신에서 이렇게 말했다.

어린 시절의 기억에 따르면 라틴 어로 수사학을 가르쳤던 최초의 선생은 플로티우스이었네. 많은 학생들이 이 선생에게 몰려갔으며 그 선생의 지도하에 모두 최선을 다해 공부했다네. 나도 그때 이 선생의 제자가 되기를 간절히 바랐으나 어른들이 허락하지 않아 무척이나 가슴 아팠다네. 당시 최고의 학덕을 지니셨던 어른들의 권위에 눌려 어찌할 수 없었다네. 그리스 어로 훈련하는 것이 우리의 재능을 더 훌륭하게 키울 수 있다는 것이 어른들의 뜻이었다네.

이렇게 키케로는 어린 시절 라틴 어로 공부하고 싶었지만, 당시 학식이 깊은 어른들은 최고가 되려는 자는 그리스 어로 배워야 한다고 주장했던 것이다. 그 뜻을 거스를 수 없었던 어린 키케로는 그리스 어로 공부했고, 후에 그리스에 유학하였다.

그러나 키케로는 그리스의 사상과 문화를 배우는 데 그치지 않고, 라틴 어와 로마 문화를 그리스 문화 못지않은 수준에 올려놓았다. 키케로가 얼마나 똑똑한 청년이었는지를 알려 주는 이야기가 있다. 그가 로도스 섬에서 웅변술과 철학을 공부하고 있을 때의 일이었다. 그의 스승이었던 아폴로니우스(Apollonios, ?B.C.295~?B.C.225)는 라틴 어를 몰랐으므로, 키케로에게 그리스 어로 연설을 하게 했다. 키케로는 스승이 자신의 결점을 지적해 줄 것을 기대하고 그리스 어로 연설하였다. 그의 연설이 끝나자 모든 사람들이 크게 칭찬했지만 아폴로니오스는 슬픈 표정을 짓고 있었다. 키케로가 자신의 연설이 형편없었느냐고 묻자 아폴로니오스는 이렇게 대답했다.

키케로! 나는 그대에게 다만 칭찬과 감탄을 할 따름이네. 내가 이렇게 멍하니 앉아 있는 것은 그리스를 딱하게 여기고 동정하기 때문이네. 우리 그리스 인이 지금까지 명예로 삼아 온 것은 오직 학문과 웅변뿐이었는데, 이제 그것마저 그대 때문에 로마에 빼앗겼으니 말이네.

키케로는 그리스 어를 잘했기 때문에 마음만 먹으면 그리스 어로 작품을 쓸 수도 있었을 것이다. 그러나 키케로는 라틴 어로 글을 썼을 뿐만 아니라 라틴 어의 품격을 그리스 어 수준으로 끌어올렸다. 그는 쉰여덟 권의 연설문, 웅변술에 관한 일곱 권의 저서, 스무 권에 달하는 철학서와 서간문을 썼다. 한마디로 그는 로마의 셰익스피어였다. 그는 라틴 어를 품격 있게 구사했으며, 라틴 어를 인간의 사상과 감정을 표현하는 뛰어난 언어로 만들었다. 그의 작품은 중세 대학 교과 과정의 표준이 되었으며, 그의 언어는 르네상스 시대에는 지식인들이 구사해야 할 모델로 여겨졌다. 근대를 걸쳐 현대까지도 서양에서는 계속해서 키케로의 작품을 읽고 가르치고 있다.

키케로가 제시한 로마의 성공 비결은 무엇일까?

우리는 키케로를 로마의 대문호로 알고 있지만, 키케로 자신은 웅변가, 특히 정치가로 활동하기를 원하였다. 사실 그는 당대 최고의 웅변가이자 대정치가였다. 그가 웅변, 특히 법정 변론으로 큰 명성을 누렸기 때문에 사람들은 그의 능력을 시험해 보고 싶은 욕구를 느꼈다. 한번은 카이사르에 맞섰던 리가리우스(Quintus Ligarius)라는 사람이 고발되었는데, 모두들 그가 사형을 받을 것이 확실하다고 생각하였다. 그래서 시험 삼아 키케로에게 변론해 보라고 하였다. 키케로가 변론을 시작하자 사람들은 이내 숙연해졌으며 점점 그의 연설에 빨려 들어갔다. 그리고 마침내 연설이 끝났을 때 재판관인 카이사르는 자신의 적이었던 리가리우스를 무죄로 방면하였다.

키케로가 연설을 배우고 법정 변론을 적극적으로 펼쳤던 것은 그것이 당시 출세 수단이었기 때문이다. 키케로는 어릴 적부터 "항상 최고가 되어야 하고, 다른 사람들을 능가해야 한다."는 것을 인생의 모토로 삼을 만큼 출세욕이 대단한 사람이었다.

그런데 키케로가 활동하던 시대는 로마 공화정이 저물어가고 제정이라는 새로운 시대가 잉태되고 있던 시대였다. 당시에는 절대 권력을 꿈꾸는 지도자들이 등장하여 개인적인 능력을 통해서 세력을 모아 갔다. 그중 가장 대표적인 사람이 마리우스, 술라, 폼페이우스, 카이사르이다. 키케로는 이들과 동시대에 살았으며, 이들과 협력한 적도 있었지만 대부분 이들과 대립함으로써 명성을 얻었다. 가령 술라가 로스키우스(Roscius, ?B.C.126~B.C.62)라는 자를 미워해서 죽이려고 했는데, 당시에 술라의 권세를 두려워하여 아무도 변호하려고 하지 않았다. 키케로는 기꺼이 이 청년의 변론의 맡았는데 명성을 얻을 좋은 기회라고 생각했기 때문이다. 물론 키케로는 재판에서 이겼고 명성을 얻었다.

그러나 로마의 시대 분위기와 정치 상황은 키케로의 의도대로 움직이지 않았다. 공화정의 전통 질서를 지키려는 세력은 갈수록 약해졌고 군대에 기반을 둔 장군들의 힘이 점점 커졌다. 더욱이 사회의 기강이 갈수록 무너져서 사치와 부패가 만연하였다. 키케로는 로마 인의 덕이 사라지고 있으며 로마의 기강이 무너지고 있다고 생각하였다. 따라서 로마 인의 덕과 도덕을 회복하는 것이 중요한 과제라고 생각하였다. 이런 생각을 가지고 있던 키케로는 기원전 57년 후반에 원로원에서 이렇게 연설했다.

우리의 조상들은 종교를 합당하게 존중하는 일에서 저의 스승이고 지도자입니다. 그들은 너무나 뛰어난 지혜를 가졌고 사려 깊으시기에 종교 문제에서 저를 잘 지도하실 수 있습니다. …… 진실로 하늘을 쳐다보고 신들이 계시다는 것을 깨닫지 못하거나, 인간의 지혜로서는 이해할 수도 없는 것들이 우연히 이루어졌다고 생각할 만큼 분별없는 사람이 어디 있겠습니까. 혹은 신들이 계시다는 것을 깨닫고도 이 거대한 제국이 신들의 권위에 의해서 만들어지고, 키워지고 보존되었다는 것을 이해하지 못할 만큼 어리석은 사람이 어디 있겠습니까? 원로원 의원들이여, 우리가 원하는 만큼 우리에 대해서 높이 평가합시다. 그러나 우리는 인구의 많음에 있어서는 에스파냐 인보다 못하고, 개인의 육체적인 힘에서는 갈리아 인보다 못하며, 재주로는 카르타코 인보다 못하며, 예술에서는 그리스 인보다 못합니다. 그리고 타고난 기민함에 있어서는 이탈리아 지역의 부족과 라틴 족보다 못합니다. 그러나 모든 것들이 불멸하는 신들의 신성한 힘에 의해서 통제되고 관리된다는 것을 인식하는 특별한 지혜, 즉 경건함과 신앙심에 있어서 우리는 다른 어떤 국가나 종족보다 뛰어납니다.

이 연설에서 키케로는 사회가 혼란해지면서 로마 인의 덕목 중에서 가장 중요한 신앙심과 경건함이 약해지고 있는 현상을 우려했던 것 같다. 키케로의 목적이 무엇이든지 간에 그는 로마가 강대국이 되고, 세계를 지배하게 된 가장 중요한 이유는 신앙심이 다른 종족들보다 뛰어났기 때문이라고 명확히 밝혔다.

  로마 최고의 지성인이 종교가 로마 성공의 비결이라고 주장한 것은 다소 뜻밖의 일이다. 정치와 종교를 엄격히 분리하고, 종교는 순전히 개인적인 믿음이라는 생각이 보편화되어 있는 세계에서 살고 있는 현대인들이 그런 생각을 갖는 것은 어찌 보면 당연한 일이다. 그러나 키케로와 다른 로마 인들뿐만 아니라 당대의 많은 사람들이 로마 인의 각별한 신앙심에 놀랐으며, 로마 인의 신앙심이 로마를 세계의 주인으로 만들었다고 생각했다. 가령 할리카르나소스(현재 터키의 보드룸 지역) 출신의 그리스 인으로, 아우구스투스 시대에 로마에서 활동했던 디오니시우스(Dionysios, ?~?)도 로마 인의 신앙심이 로마를 세계의 주인으로 만들었다고 주장했다. 과연 로마 인의 신앙심이란 무엇이고, 그들의 신앙심이 각별했던 이유는 무엇일까?

신앙심과 로마의 세계 정복 사이에는 어떤 관계가 있을까?

로마가 기독교를 박해했기 때문에 기독교인 가운데는 지금도 로마를 혐오하는 사람들이 있고, 로마 인들은 신앙을 이해하지 못하는 경박한 사람들이라는 편견을 가진 사람들도 있다. 그러나 로마 인들은 신이 없는 세상은 꿈꿀 수도 없으며, 만약 인간이 신들의 평화[28]를 깨뜨린다면 파멸할 것이라고 믿었다. 정도의 차이는 있어도 고대인들은 모두 각별한 신앙심을 가지고 있었다. 즉 로마 인뿐만 아니라 고대인들은 신이 세상을 창조했고, 세상을 지배한다고 믿었으며, 인간은 신들이 정해 놓은 운명을 피할 수 없다고 믿었다. 원래 고대 세계에서 종교는 도시의 사회 및 정치 생활과 깊은 연관을 가지고 있었다. 고대인들은 신들을 경배하는 것이 공동체의 안녕을 보장하고, 시민들의 유대를 강화한다고 생각하였다. 그래서 각

---

[28] 신들의 평화를 라틴 어로 '팍스 데오룸(Pax deorum)'이라고 한다. 인간이 신들의 의사를 존중하고 그들을 적절히 숭배하면 팍스 데오룸은 유지된다. 그러나 신들을 무시하거나 적절하게 숭배하지 않는다면 신들의 평화는 깨진다. 그러면 신들은 분노를 내려서 세상을 심판한다. 로마 인들은 신들의 평화가 깨지면 로마, 나아가 세상이 멸망한다고 생각했기 때문에 항상 신들의 평화를 지키기 위해서 노력하였다.

도시나 공동체는 그들을 보호하는 신들을 모시고 있었다.

또한 고대인들은 인간은 무슨 일을 하든 신들의 허가를 받아야 하고, 항상 신들을 기쁘게 해야 한다고 믿었다. 그래서 그리스 인들은 신들의 뜻을 알아보기 위해서 끊임없이 신탁을 했다. 모든 고대인들이 신들을 믿었고, 신들이 세상을 주재한다고 믿었지만 로마 인만큼 깊은 신앙심을 가지고 있고 신들을 모시는 데 열성적이지는 않았다. 로마 인들은 공적인 일이든 사적인 일이든 모든 일을 신에게 물어본 다음에 했다.

민회의 경우를 보면 로마 인들은 신들이 허용하는 날에만 민회를 개최하였다. 어떤 날에 신들은 알 수 없는 이유로 자리를 뜨거나 화를 냈다. 따라서 그런 날은 상서롭지 못한 날이었다. 그런 날에 로마 인들은 회의도 재판도 하지 않았다. 따라서 민회를 열기 위해서는 먼저 점을 쳐서 신들의 호의를 확인해야 했다. 그리고 민회는 점복관이 먼저 말하고 콘술이 복창하는 기도로 시작되었다.

원로원도 마찬가지였다. 로마의 원로원은 언제나 하나의 신전이었다. 점복관이 공식적으로 축성한 직사각형 건물에서 열리지 않은 회의는 무효가 될 수 있었다. 신들이 그곳에 임하지 않았다고 생각했기 때문이다. 어떤 안건을 심의하기 전에 원로원 의장은 항상 제물을 바치고 기도를 올렸으며, 회의 장에 입장하는 원로원 의원들은 성수를 뿌려야 했다. 각종 재판도 마찬가지였다. 신들의 뜻을 물어보고 길일이라고 판정된 날에만 재판을 할 수 있었다.

이런 공식 집회나 행사뿐만 아니라 국가의 모든 중대사는 반드시 신들의 허가를 받고 이루어졌다. 가령 전투 시에도 신들의 뜻을 물어보는 일이 중요하게 여겨졌다. 로마군은 먼저 야누스 신전에 가서 희생제를 올린 후에야 원정을 떠날 수 있었으며, 항상 점복관들을 데리고 다녔다. 모든 전투를 하기 전에 반드시 점을 쳤으며, 아무리 전세가 유리해 보이고 전투 준비가 잘 된 경우에도 점괘가 좋지 않으면 작전은 중지되었다. 로마 인들은 신들이 허락하지 않는 경우에 절대로 전쟁을 하지 않는 것으로 유명했다. 물론 승리를 거둔 뒤에도 희생제를 올리는 것을 잊지 않았다.

물론 로마 인의 종교 생활이 이렇게 공적인 면에서만 이루어진 것은 아니다. 종교는 로마 인들의 사회생활의 모든 영역에서 필수적인 자리를 차지하고 있었다. 로마 인들은 무수히 많은 신들이 각자 역할을 분담하여 세상을 지배하고 있다고 생각하였다. 따라서 인간의 모든 행동이 그것을 주관하는 신의 뜻에 맞게 이루어져야 한다. 가령 사랑의 여신 베누스(Venus)는 은밀한 침실을 주관한다. 따라서 은밀한 침실이 아니라 야외에서 사랑을 나누는 것은 불경한 것이다.

모든 가정에는 아무리 가난해도, 가정의 수호신을 모시는 사당과 재단이 있었다. 가정의 수호신은 울타리를 지키는 신으로 믿어졌던 라레스(Lares)였고, 각 가정의 사당에는 이 신의 작은 조각상이 모셔져 있었다. 로마 인들은 이 가정의 신에게 제사를 드리는 것으로 하루 일과를 시작했다. 라레스는 또한 네거리를 지키는 신이기도 했는데, 각 네거리에 이 신들의 작은 조각상이 세워졌다. 집이 없는 사람들이나 특별한 사정으로 집에서 그날 제사를 드리지 못한 사람들은 네거리에서 이 신에게 제사를 지냈다.

지금까지 로마 인들이 공적인 일과 사적인 일을 막론하고 모든 일을 신들에게 물어본 다음에 했다는 이야기를 했다. 과연 이것이 로마의 세계 정복과 무슨 연관이 있을까? 종교가 인간에게 강력한 확신을 준다는 것이 그 답이다. 전투를 하기 이전에 신에게 뜻을 물어보았고, 신이 전투를 허락했다면 병사들은 신이 자신들을 보호하고 승리를 가져다준다는 확신을 갖는다. 전투에 임해서 이길 수 있다는 확신보다 더 중요한 것이 무엇이겠는가? 이런 로마 인들의 심성을 이해한다면 왜 키케로가 로마의 성공 비결은 투철한 신앙심이라고 말했는지 이해할 수 있을 것이다.

로마 제국이 만신전을 세운 까닭은 무엇일까?

　로마 제국의 상징물로 콜로세움이나 대전차 경기장을 꼽는 사람들이 많다. 콜로세움이나 대전차 경기장이 외형적인 규모만으로 보면 단연 으뜸이기 때문이다. 그러나 로마 제국의 진정한 상징물은 판테온(Pantheon)이다. 판테온은 그리스어로 '만신전'을 뜻한다. 판테온은 고대의 모습을 거의 그대로 간직하고 있는데, 중세에 교회로 사용되었기 때문이다. 이 건물은 원래 아우구스투스의 오른팔이었던 아그리파(Marcus Vipsanus Agrippa, B.C.62~B.C.12)가 주도해서 건축하였다. 그러나 아그리파가 만든 판테온은 화재로 완전 소실되었고, 현재 남아 있는 건물은 2세기에 하드리아누스(Publius Aelius Hadrianus, 76~138) 황제가 재건한 것이다.[29] 판테온에 들어서면 우리는 로마가 위대함을 넘어서 거룩한 존재가 되었다는 생각을 가지게 되는데, 태양의 움직임에 따라서 햇살이 돔의 중심부로 들어와 마치 세상의 중심을 비추는 느낌을 주기 때문이다. 실제로 로마 인들은 판테온의 돔은 하늘을 상징하

---

[29] 판테온의 현관 청동 비문에는 '아그리파가 세웠다.'라고 씌어 있는데 이는 하드리아누스 황제가 아그리파를 기념해서 써 넣은 것이다.

고, 판테온에 모셔진 신들이 우주의 중심을 차지하게 되었다고 믿었다. 따라서 판테온은 로마와 신적인 세계가 새로운 관계를 맺게 되었음을 상징한다.

판테온이 세워진 경위는 이렇다. 고대 종족이나 도시들은 종족별로 혹은 도시별로 섬기는 신이 달랐다. 로마가 지중해 세계를 정복하기 이전 지중해 연안에는 수많은 종족들이 살았다. 이 종족들은 각기 다른 신을 섬겼다. 이집트 인은 오시리스와 이시스를, 에티오피아 인은 제우스와 디오니소스를, 그리스 인은 제우스를 비롯한 12신을, 게르만 인들은 오딘을 비롯한 북구의 신들을 섬겼다. 범위를 좀 더 좁혀서 도시들로 살펴보면 문제는 더욱 명확해진다. 그리스 인들은 12신을 섬겼지만 각 도시별로 수호신은 달랐다. 물론 수호신이 여러 명인 경우도 있었다. 가령 우리는 아테네의 수호신이 아테나라고만 알고 있지만 아테네 인들은 오랫동안 미케네의 전설적인 왕인 에우리스테우스 또한 수호신으로 모셨고, 계속해서 수호신을 늘리기 위해서 노력했다.

고대인들은 도시의 수호신들이 도시 안에 머문다고 생각했으며, 자기 도시의 수호신을 외부인들이 숭배하는 것을 허락하지 않았다. 가령 아테네 인이 아니라면 아테나 신전에 들어갈 수 없었다. 신들의 보호를 받는 대가로 도시민들은 신들을 기쁘게 해야 했다. 신들을 기쁘게 한다는 것은 신들에게 음식과 노래와 춤을 바치는 것이었다. 음식으로는 고기가 단연 으뜸이었기에 고대인들은 신전에서 양이나 소와 같은 제물을 신에게 바쳤다.

그런데 고대인들은 도시의 수호신들이 지키는 한 도시를 결코 점령할 수 없다고 생각했다. 따라서 한 도시를 점령하기 위해서는 경계지에서 정복하고 싶은 도시의 수호신에게 도시를 떠나라는 기도와 제사를 드렸다. 로마 인들이 외우던 기도문은 다음과 같다.

오, 이 도시를 보호해 주시는 위대한 분이시여, 당신께 기원합니다. 당신을 숭배합니다. 당신이 이 도시, 이 민족을 버리고 신전들과 성소를 떠나 나와 나의 가족이 있는 로마로 와 주시기를 간청합니다. 우리의 도시, 우리의 신전, 우리의 성소는 당신에게 더욱 편안하고 정겨울 것입니다. 나를 당신의 보호 아래에 두십시오. 만일 당신이 그렇게 해 주신다면 나는 당신에게 경의를 표하기 위해서 신전을 세울 것입니다.

이렇게 기도한 다음 그 도시를 지키는 신이 도시민들을 버리고 로마로 온다는 징조를 보여 준 후에야 정복 전쟁이 시작되었다. 물론 신앙심 깊은 로마 인들은 새로운 곳을 정복하면 그 도시를 모시는 신을 로마의 신으로 모셨고, 그들을 위해서 신전을 지었다. 그러나 정복한 지역이 늘어나면서 새로운 곳을 정복할 때마다 계속 신전을 세운다는 것은 갈수록 어려워졌다. 그리고 세계의 모든 신들이 로마 제국이 세계를 정복한 것을 승인했으며, 로마를 보호한다는 것을 과시할 필요가 있었다. 따라서 이런 의도 속에서 세워진 만신전은 로마가 세계를 정복했다는 것을 상징하는 건물이다.

로마 인들의 신앙심이 각별했던 이유는 무엇일까?

지금까지 로마 인들의 종교 생활과 신앙심에 대해서 살펴보았다. 로마 인 카밀루스(Marcus Furius Camillus, ?~B.C.365)의 사례를 살펴보면서 이 장을 정리하고자 한다. 기원전 396년 로마가 베이이 시를 포위 공격한지 10년째 되는 해의 일이었다. 오랜 공격에도 베이이 함락에 실패한 로마는 카밀루스를 독재관으로 지명하고 베이이를 함락시키라고 주문하였다.

로마 인들은 이제 용기보다는 신앙심으로 싸워야 한다고 생각하였다. 지난 9년간 싸움에서 베이이가 승리한 것은 베이이 인들이 신들을 즐겁게 하는 일에서 로마 인보다 더 뛰어났기 때문이라고 생각하였다. 그는 그동안 로마가 드린 제사를 다시 점검하고 조금이라도 잘못된 것이 있으면 바로잡았다. 그는 출정에 앞서서 "오 아폴로여, 당신의 인도 아래 그리고 나에게 용기를 주시는 당신의 의지에 의해 나는 베이이 시를 점령하고 파괴하러 떠납니다. 승리를 거둔다면 전리품의 10분의 1을 당신께 바칠 것을 약속합니다."라고 아폴로 신에게 기도를 드렸다. 그리고 베이이의 수호신인 유노에게도 기도를 드렸다. "지금은 베이이에 살고 계시는 여왕, 유노여. 당신이 우리와 함께 정복자가 되기를 간청합니다. 우리를 따라 우리의 도시로 오셔서 우리의 숭배를 받으십시오. 우리는 당신의 도시가 될 것입니다." 희생제와 기도를 마친 다음 베이이 시를 공격하였다. 물론 카밀루스가 승리했고 로마는 베이이를 차지했다.

　카밀루스는 날마다 종교 의식을 거르지 않고, 기도문을 정확히 외우고 희생제를 철저하게 드리는 것이 군사 훈련보다 훨씬 중요하다고 확신하는 사람이었다. 로마 인들은 카밀루스의 신앙심이 독실하다는 것을 알았고, 위기의 순간에 그를 최고 지도자로 선택했다. 그리고 그의 지도에 따라서 신들이 자신들을 돕는다는 확신을 가지고 전쟁에 임하여 승리를 거두었다. 물론 신앙심이 독실한 카밀루스는 신들에게 한 약속을 철저하게 지켰다. 그는 승리의 개선식을 끝내고 바로 아벤티누스 언덕에 유노 신전을 세우도록 했다. 그리고 아폴로 신에게 약속한 것을 지키기 위해서 모든 병사들로 하여금 개인적으로 차지한 전리품의 10분의 1을 공공 금고에 바치도록 했다. 그것을 모두 모아서 아폴로 신전에 바치기 위해서였다.

지금도 어떤 사람들은 로마 인들이 법을 너무나 좋아했고, 합리적이고 실용적인 문화를 발달시켰기 때문에 종교적인 신앙에는 관심이 없었다고 평가한다. 그러나 이런 평가는 현대인의 관념이나 편견을 과거에 그대로 투영하는 것이다. 로마인의 종교 생활을 깊이 있게 살펴본다면 이런 평가는 나올 수 없을 것이다. 현대인들은 종교와 정치, 종교와 학문, 종교와 일상생활을 분리해서 생각한다. 그리고 종교는 종교 고유의 영역이 있어서 다른 영역을 침범해서는 안 된다고 생각한다.

그러나 고대인은 종교와 정치, 사회, 문화를 분리해서 생각하지 않았다. 종교야말로 그들에게 모든 것이었다. 종교의 역할이 어떻게 바뀌었든 예나 지금이나 종교가 갖는 긍정적인 측면은 반드시 있다. 종교는 믿는 자에게 강한 자부심과 확신을 주고, 믿는 자는 거기에서 힘을 얻는다. 로마 인들도 그런 사람들이었다.

칼이 아니라 법으로 세계를 지배했다는 말의 의미는 무엇일까?

지금까지 왜 로마가 강대국이 되었는가를 살펴보았다. 이 책에서 제기한 다섯 가지 원인 이외에도 몇 가지를 더 생각해 볼 수 있을 것이다. 가령 로마의 최대 역사가 중의 한 명인 리비우스는 로마가 '법'의 나라라고 이야기했으며, 키케로도 로마의 법률 문화를 자랑스러워했다. 또한 타키투스, 티베리우스 황제, 폼포니우스(Sextus Pomponius, ?~?) 등 로마의 지도자들은 로마의 가장 중요한 특징 중의 하나는 '법치 국가'임을 지적하였다.

그럼에도 불구하고 이 책에서 로마법이 로마를 세계 최강의 국가로 만들었다는 이야기를 하지 않은 것은 순전히 필자의 능력이 부족하기 때문이다. 다만 로마법에 대해서는 초보자이지만 필자의 생각을 간략하게 말해 보고자 한다.

로마 인들에게 법이 왜 그렇게 소중했을까? 라틴 어로 시민권을 '유스 키빌레(ius cilvile)'라고 하는데 이 말은 시민법이라고 해석할 수도 있다. '유스(ius)'라는 단어가 권리와 법이라는 두 가지 뜻을 동시에 갖고 있기 때문이다. 결국 시민권과 시민법은 분리될 수 없는 것이며, 로마 인에게 시민권을 갖는다는 것은 그 무엇보다도 로마법에 따라서 재판을 받는다는 것을 의미했다. 또한 모든 시민이 동일한 법으로 재판받는다는 것은 모든 시민이 법 앞에서 평등하다는 것을 의미한다.

현대인들은 모든 시민이 법 앞에서 평등하다는 것을 너무나 당연하게 받아들이고 있지만, 고대에는 하나의 이상이었다. 로마는 먼저 로마 시민들에게, 그리고 제국을 이룬 다음에는 지중해 세계의 모든 사람에게 이 이상을 실현해 준 것이다. 로마법은 질서와 안녕을 바라는 사람들의 꿈을 현실로 만들어 주었다. 따라서 로마 인들에게 로마법은 소중한 존재일 수밖에 없었던 것이다.

어쨌든 로마 인과 접촉한 사람들은 누구든 로마 인들이 법을 소중히 지키고, 그것이 로마를 부강하게 했던 한 요인이라는 것을 인정했다. 이 점에서 서고트 족의 추장이었던 아타울푸스(Ataulphus, ?~415)의 이야기는 경청할 만하다. 그는 410년 도시 로마를 약탈했던 알라릭(Alaric, ?370~410)의 동생으로, 알라릭이 죽자 서고트 족의 추장이 되었다. 그는 서고트 족을 이끌고 갈리아 전역을 휩쓸고 다니면서 정복 활동을 펼쳤다. 연이은 전투에서 승리한 아타울푸스는 고트 족이 세상을 정복했고, 자신이 고트 족의 왕으로서 세계를 지배하게 되었다고 자랑하고 싶었다. 그러나 그는 로마에 정착하고, 로마 인들의 통치술을 배우면서 로마가 칼로 세계를 지배한 것이 아니라 법으로 지배했다는 것을 깨달았다. 그의 태도 변화에 대해서 당대의 역사가인 오로시우스(Orosius, ?380~420)는 이렇게 전한다.

처음에 그는 로마의 이름을 없애 버리고, 로마의 모든 영토를 고트 족의 제국으로 만들기를 열렬히 원하였다. 그는 사실뿐만 아니라 이름에서도 그렇게 되기를 원했기 때문에 대중적인 표현들에서, '로마의 것'을 '고트의 것'으로 대체하도록 하고, 자신을 예전의 카이사르 아우구스투스로 묘사하도록 했다. 그러나 그는 오랜 경험을 통하여 고트 인이 그들의 제어되지 않는 야만 때문에 법에 복종하지 않는다는 사실을 깨닫고, 또한 나라에는 법이 없어서는 안 되고, 법이 없는 나라는 나라가 아니라는 믿음을 가지게 되어, 고트 인의 힘으로써 로마라는 이름의 명성을 복원하고 증가시키는 것을 자신의 영광으로 생각하게 되었다. 그는 로마 제국의 변혁자가 되기에는 부족하다고 생각했기 때문에 로마 제국의 복원자로서 후세에 기억되기를 바랐다.

아타울푸스의 이야기는 로마가 얼마나 위대한 제국이었는가를 다시 생각하게 만든다. 로마를 약탈하고 로마를 멸망시키겠다고 결심한 야만족 추장이 로마를 겪어 보고는 스스로 로마 제국의 복원자가 되겠다고 결심했다는 사실보다 로마 문명의 위대함을 더 잘 보여 주는 사례가 어디 있겠는가?

그러나 돌이켜 보면 로마가 강대국이 될 수 있었던 원인들이 그렇게 특별한 것은 아니었다. 출신이나 태생보다는 능력을 중요시한 것, 선진 기술을 배우기에 힘쓰는 것, 사회 지도층이 솔선수범하는 것, 정치적 안정을 이룩하는 것, 이런 원칙들은 누구나 지킬 수 있는 것이다. 이런 원칙들을 잘 지킨다면 어떤 나라도 세계 최고의 국가가 될 수 있을 것이다.

로마 제국과 기독교

기독교는 로마 제국 시기에 탄생하여 로마 제국의 국교가 되었고 로마 제국이 멸망한 이후에는 서양의 중심 종교가 되었다. 그런데 로마 제국이 기독교를 박해했다는 이야기가 너무나 많이 알려져 있기 때문에 로마 제국과 기독교의 관계에 대해서 잘못된 생각을 가지기 쉽다. 일반적으로 생각하고 있는 것과 달리 로마 제국과 기독교의 관계는 그렇게 적대적인 것만은 아니었다.

기독교가 탄생한 이후 약 70년간 로마는 기독교에 우호적인 태도를 취했으며, 유대 인이 기독교를 박해할 때 기독교도들을 보호해 주었다. 사도 바울을 비롯한 많은 기독교 선교사들은 로마 제국의 공권력의 보호를 받으며 선교 활동을 할 수 있었다. 팍스 로마나 시기에 해적이 소탕되고 도로가 건설됨으로써 인적, 물적 자원의 이동이 원활했고 그 덕분에 기독교는 세계로 뻗어 나갈 수 있었다. 물론 로마 제국이 기독교를 박해했던 것은 사실이지만 박해는 간헐적으로 이루어졌으며, 밀고자가 있을 때만 조사가 이루어졌다. 그리고 313년 콘스탄티누스 황제가 기독교를 공인함으로써 박해가 공식적으로 중단된 후에 로마 제국은 기독교를 적극적으로 후원하였다. 교회 재산을 돌려주었을 뿐만 아니라 많은 기부를 했고, 성직자들에게 면세 특권을 부여했다. 그리고 392년에 기독교를 로마 제국의 국교로 삼았다. 신앙의 자유가 보장된 현대와 달리 국교가 정해지면 모든 사람이 국교를 믿어야 했다. 따라서 392년 이후에 모든 로마 인이 기독교를 믿어야 했고, 비신자들은 불이익과 탄압을 감수해야 했다. 결국 기독교는 로마 제국 시기에 이미 서양인들의 정신세계를 완전히 장악했다. 따라서 로마 제국이 기독교에 끼친 영향을 생각할 때 부정적인 면보다는 긍정적인 면을 좀 더 높이 평가하는 것이 합당할 것이다.

더 읽어 볼 책들

- 프리츠 하이켈하임, 김덕수 옮김, 『**로마사**』(현대지성사, 1999).
- 김진경 외, 『**서양 고대사 강의**』(한울, 1996).
- 허승일 외, 『**로마 제정사 연구**』(서울대학교 출판부, 2000).
- 허승일, 『**로마공화정연구**』(서울대학교 출판부, 1995).
- 키케로, 허승일 옮김, 『**키케로의 의무론**』(삼영사, 1989).
- 김창성, 『**세계사 산책-서양고대편**』(솔, 2003).
- 신상화, 『**물의 도시, 돌의 도시, 영원의 도시 로마**』(청년사, 2004).
- 안나 마리아 리베라티외, 김숙 옮김, 『**고대 로마**』(생각의 나무, 2003).
- 시오노 나나미, 김석희 옮김, 『**로마 인 이야기 1-15**』(한길사, 1995-2006).
- 배은숙, 『**강대국의 비밀**』(글항아리, 2008).
- 신선희 · 김상엽, 『**이야기 그리스 로마사**』(청아, 2006).

민음 지식의 정원 서양사편 002

고대
로마는 어떻게 강대국이 되었는가?

1판 1쇄 펴냄 2010년 11월 12일
1판 5쇄 펴냄 2023년 9월 14일

지은이 | 정기문
발행인 | 박근섭
펴낸곳 | ㈜민음인

출판등록 | 2009. 10. 8 (제2009-000273호)
주소 | 06027 서울 강남구 도산대로 1길 62 강남출판문화센터 5층
전화 | **영업부** 515-2000 **편집부** 3446-8774 **팩시밀리** 515-2007
홈페이지 | minumin.minumsa.com

도서 파본 등의 이유로 반송이 필요할 경우에는 구매처에서 교환하시고
출판사 교환이 필요할 경우에는 아래 주소로 반송 사유를 적어 도서와 함께 보내주세요.
06027 서울 강남구 도산대로 1길 62 강남출판문화센터 6층 민음인 마케팅부

© 정기문, 2010. Printed in Seoul, Korea

ISBN 978-89-94210-52-0 04900
ISBN 978-89-94210-50-6 (세트)

㈜민음인은 민음사 출판 그룹의 자회사입니다.